《百年巨匠》编委会

总 顾 问：蔡 武　胡振民　龚心瀚　王文章　胡占凡

顾　　问：靳尚谊　范迪安　王明明　吴为山　沈 鹏　苏士澍
　　　　　吕章申　尚长荣　蓝天野　濮存昕　傅庚辰　莫 言
　　　　　傅熹年　张锦秋　张保庆　顾明远　张伯礼　黄璐琦
　　　　　杜祥琬　齐 让　鲁 光

《百年巨匠·教育体育篇》编委会

学术指导：王学军　方惠坚　刘璐璐　李 祥　宋以庆
　　　　　张 健　陈洪捷　商金林　储朝晖（按姓氏笔画排序）

主　　任：袁小平　杨京岛

主　　编：陈 宏

编　　委：陈汝杰　李萍萍

统　　筹：裴永忠　梁 辉　董思远　杨 洋　王晓红　李逸辰

编 辑 组：蔡莉莉　曾 丹　金美辰　杨 珺　王慧雅　张栩彤

纪录片编导组：刘卫国　刘占国　刘立钢　孙秀峰　吴静姣　张建中
　　　　　　贾 娟　高 天　郭 鹏　郭奎永（按姓氏笔画排序）

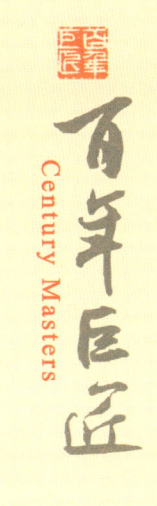

百年巨匠
Century Masters

叶圣陶

陈宏 曾丹 刘立钢 ◎ 编著

外文出版社
FOREIGN LANGUAGES PRESS

叶圣陶 / 力争 作

醉花阴·叶圣陶

临风玉树千年仰,
温良恭俭让。
流水伴诗书,
小巷人家,
却塑鸿儒样。

初心理想杏坛上,
敢破旧时障。
六艺尚德先,
锦绣文章,
人去星光亮。

凯文 词

宣传巨匠推广大师 为时代树立标杆

蔡武

原文化部部长 《百年巨匠》总顾问

    文化精品创作工程包括重大出版工程、影视精品工程。《百年巨匠》就是跨界融合的一个重大文化工程，它深具创意，立意高远，选题准确、全面，极富特色，内容精彩纷呈，内涵博大精深，基本涵盖了我国 20 世纪这一特定历史时期在文学艺术方面的成就及其代表人物。它讲述的不仅仅是各位巨匠的传奇人生，更是他们的文学艺术成就同民族、国家，同历史、文化，同当代世界，同 20 世纪风云激荡的年代，以及同人民的命运都是紧密相连的。他们的成就对整个社会产生了重要而深远的影响。因此，立足 21 世纪的当今，系统全面科学解读巨匠人生与大师艺术，有着特殊而积极的意义，是社会和时代的要求。

    作为一个有影响力的文化品牌，《百年巨匠》的表现形式也是多样的。《百年巨匠》丛书和纪录片互动互补，是出版界与影视界的跨界合作与融合发展，形成了叠加影响和联动效应，进一步丰富和扩大了品牌的内涵和外延。在信息社会"四屏"时代，用这样的一种方式来表达重大深刻的主题，具有重大的创新意义，是对中华优秀文化传承发展进行创造性转化、创新性发展的成功探索。体现出强烈的历史感、时代性、民族性，具有鲜明的中国特色，必将产生深远的影响。

一个民族自立于世界民族之林，离不开民族的自信心与自尊心。而民族的自信心和自尊心有其思想基础和人文轨迹，即对民族文化的重要代表人物和优秀传统应当有比较全面的了解并进行广泛传播。一个国家的历史需要记录，文化艺术同样如此。《百年巨匠》丛书秉承文献性、真实性、生动性原则，客观还原大师原貌，以更为宏阔的历史维度对大师们所经历的时代给予不同视角的再现和解读，为读者开启一扇连接20世纪中国近现代文化艺术史的大门。

巨匠们的艺术成就、人生经历、精神高度，彰显了中华民族文化在这个时代所能达到的高度，不仅有文学艺术上和文化史上的价值，而且有人文思想美学上的划时代性贡献。《百年巨匠》可以增强我们的文化自信和实现中华民族伟大复兴的意志。

《百年巨匠》还有一个重要意义，它能够激励我们后来人砥砺奋进，勇攀高峰。这些文化艺术巨匠有着深厚的爱国情怀和强烈的民族责任感，他们将个人荣辱兴衰与国家、民族命运联系起来，用文化艺术去改变现实，实现理想。在新旧道德剧烈冲撞中，他们所表现出来的高风亮节是后来人的楷模。他们所传导出的强大正能量，会激励一代又一代广大读者，对促进我们整个民族新一代的教育与成长，有着非常重要的启迪意义。他们的精神是引领和鼓舞我们再出发的航标与风帆。

《百年巨匠》也给了我们很多的启示，可以帮助我们回答和破解"钱学森之问"。20世纪产生了那么多的大师，新世纪、新时期我们应该如何助推产生出新的大师？这些巨匠的成长轨迹给我们揭示了大师们成长的规律,如要深具家国情怀,要胸怀高远理想;要深深扎根于人民,与人民同呼吸共命运;既继承民族优秀传统文化,又要勇于创新;并以非常包容的心态去拥抱一切文明成果等。

《百年巨匠》仅反映了20世纪百年的文化形态和人文生态,我们应该把这个事业延续下去,面向21世纪。对艺术大师的发掘是通过他们的作品来体现的,而他们的作品既是中华文化的传承,又进一步丰富、创新了中华文化的构成。从这个意义上讲,宣传这些艺术巨匠就是弘扬中华文化。这些艺术巨匠作为中国名片,拥有较强的国际影响力,这一工程的推进,可以有效推动中华文化和中国出版走出去。不仅仅局限于艺术领域,还可以从广度上、外延上扩大至整个文化领域,甚至把科技、教育等领域的巨匠们也挖掘展示出来。

一个国家文化事业的繁荣与发展,既需要广大艺术家的努力,也需要大师巨匠的引领。宣传巨匠,推广大师,为时代树立标杆,无疑是我们责无旁贷的历史责任。巨匠之所以是巨匠,大师之所以能成为大师,是因为他们以具有强烈时代感和创新精神的作品站在了巅峰。而他们巨作的背后,是令人钦佩的工匠精神,这种工匠精神的发掘和弘扬在当下具有重要的现实意义。同时,这百年的文学艺术史已有的众多成果,从学术上也要系统总结。而长期以来一直困扰我们的一大难题,就是如何把这些重要的学术研究成果进行转化和再创造,使之成为可被大众接受、雅俗共赏的精品佳作。从这个意义上讲,《百年巨匠》丛书的出版也是非常值得赞许的。

当前,我们的文化艺术事业虽然取得了长足的进步,但是相对于时代的重任，人民的厚望，尚有作品趋势跟风、原创性匮乏、模仿严重等问题，希冀大家在《百年巨匠》作品中得到更多的启迪和感悟。

我们国家正处在重要的历史时期，为我们文艺创作提供了丰沃的土壤和广阔的空间。中华民族的伟大复兴，呼唤一切有为的文艺工作者，为繁荣中国特色社会主义文化、建设社会主义文化强国，奉献毕生的才华和创作热情，将高度的社会责任感和历史使命感化作文艺创作的巨大动力，创作出无愧于时代、无愧于祖国和人民的优秀文艺作品，让我们这个时代的文艺创作异彩纷呈，光耀世界。

弦歌不辍 薪火相传
——《百年巨匠·教育体育篇》丛书序

袁小平

中国教育电视台台长
中国广播电视社会组织联合会副会长

如果说文明是一条奔流不息的大河，那么教育就是文明的河床。国人对教育的重视与五千年文明史相伴始终，从春秋时期的诸子百家到顾炎武、王夫之等近代学者，教育先贤们构筑起中国古代独具特色的思想教育体系，在一次次选择和传承中，对社会和文化发展产生了深远影响。

教育不仅在选择和传递文化，同时也在创造和更新文化。近代以来，中国的教育家群体一直面临两个不容回避的问题：一是如何适应世界教育发展趋势，服务于"教育救国"需要，建立近代意义上的教育体系；二是如何保持教育的民族性，建立中国化的现代教育体系。

面对时代赋予的重任，蔡元培、张伯苓、陶行知、蒋南翔、吴玉章、马约翰、叶圣陶等教育大家各抒己见，创造出中国近现代教育一个百家争鸣的开端：蔡元培的"思想自由、兼容并包"、张伯苓的"允公允能，日新月异"、陶行知的"生活即教育，教育即生活"、黄炎培的"大职业教育主义"、蒋南翔的"为祖国健康工作五十年"……

这些主张有的直指"读书只为考取功名"的传统功利思想，有的努力破除知识只被少数人掌握的藩篱，有的激励救国热情，有的深刻影响着中国体育教育发展……他们在国家蒙辱、人民蒙难、文明蒙尘的至暗时刻，写下中国教育由传统向现代转型的开篇，照亮了中国教育的前行方向。时至今日，我们仍能看见这些教育思想流淌在小学、中学、大学的课堂内外，流淌在办学模式、管理体制、保障机制等方方面面，流淌在国人对教育的美好愿景中，为建设高质量教育体系、发展素质教育、促进教育公平输送着源源不断的灵感。

世界正面临百年未有之大变局。当我们又一次站在历史的十字路口，新时代新征程的使命任务促使我们去思考，培养什么人、怎样培养人、为谁培养人。而对于每一个关心教育领域、渴望获得教育亦或躬耕教育事业的人，教育先贤们简单的一句话，或是简短的一个故事，都可能成为我们与历史和时代共鸣的契机。

社会变迁、文明转型带来了日新月异的变化，也给教育带来了更大挑战。即使是在今天，中国已经建成了世界上规模最大的教育体系，也不得不承认仍有许多问题需要去回答、去实践。正因为如此，回望来路才显得格外富有意义。

诚然，世界上没有可以奉为圭臬的金科玉律，丰富的教育遗产也需要客观评估，取其精华，创造性地继承和使用。但可以肯定的是，蔡元培、张伯苓、蒋南翔、吴玉章、陶行知等教育先贤们的精神和他们把个人教育理想融入民族历史进程的实践，足以激励后来者不断向前，以无限智慧和勇气直面今天教育发展中的诸多问题。

　　投身教育事业的人众多，为何他们能称为巨匠？不仅在于他们在教育现代化转型中拓荒先行，也不仅在于他们的教育思想仍然熠熠生辉，还在于他们身上"心有家国情怀、肩挑国家责任"的教育风范仍然山高水长。

　　为深入贯彻落实习近平总书记关于教育家精神的重要讲话精神，中国教育电视台联合中国文学艺术界联合会、中国文学艺术基金会、百年巨匠（北京）文化传播有限公司，策划制作了弘扬教育家精神的大型人物传记纪录片《百年巨匠·教育体育篇》。该片于2024年全国两会期间，从3月4日起在中国教育电视台晚间黄金时段重点播出，其后陆续在学习强国、中央广播电视总台等主流媒体播出。

　　纪录片《百年巨匠·教育体育篇》，讲述蔡元培、陶行知、黄炎培、吴玉章、叶圣陶、马约翰、蒋南翔、董守义等著名教育家（含体育教育家）的生平事迹、教育活动、教育思想、教育贡献、历史影响，以及对今天的启示，展示他们"学为人师，行为世范"的教育情操和人格魅力，讴歌他们教育救国、教育强国的家国情怀和理想信念。

　　本着对先辈的敬重和对历史的尊重，摄制组在拍摄之初就提出了"见人、见事、见物"的创作理念。制作团队走访了世界各地与纪录片《百年巨匠·教育体育篇》中人物有关的众多红色遗址、旧址及纪念设施，深入拍摄名师巨匠的故居、纪念馆，还专程拜访了相关的历史专家、研究员、亲历者，以及大师们的亲属和后人，通过实地走访与口述历史等方式，挖掘出大量具有生活温度、情感浓度以及思想深度的史料细节，并通过多种渠道拍摄、收集和整理了大量的文献资料、遗物、遗存。很多首度揭秘的珍贵历史档案，不仅让观众知晓了许多此前不为人知的历史细节，这些不为人知的幕后付出，也让这段历史故事不再只是一堆冷冰冰的资料，而是有了超越文学书籍和虚构影视作品的感染力与震撼力。由马约翰先生的夫人亲手缝制的西南联大唯一的一面校旗，仍然珍藏在西南联大博物馆中，诉说着中国高等教育史上西南联大八年扎根边疆、学术报国的历史往事。

与目前反映教育家的多数作品不同的是，纪录片《百年巨匠·教育体育篇》注重讴歌对新中国高等教育作出重大探索和重要贡献的红色教育家，如吴玉章、蒋南翔等。第九届全国人大常委会副委员长彭珮云同志，在接受节目组采访时深情回忆："1953年，清华大学实施由蒋南翔先生提出建立的政治辅导员制度，并选出了25人担任政治辅导员。他们和学生同吃、同住、同学习，负责班级的日常思想政治工作和党团组织建设工作，这样既有利于密切联系学生，深入开展思想政治工作，引导学生努力做到'又红又专'，又为国家培养和输送了一批'又红又专'双肩挑的干部，南翔同志曾对他们说，年轻的时候做些思想政治工作，学些马列主义理论，将对终身有益。"曾任全国政协副主席的郝建秀曾回忆道："吴玉章校长给了我很多指导和帮助，他把我邀请到家中，专门做了重点辅导。"很多年后，当郝建秀一步步走上纺织工业部副部长、国家计划委员会副主任、全国政协副主席的岗位，这一段火热的求学时光无疑为一名年轻的纺织女工成长为共和国纺织工业的领导者铸造了坚实的教育之基。

教育乃"国之大者"。中国教育电视台作为唯一的国家级专业教育传媒平台，作为中国式现代化历史进程和中华民族现代文明建设的记录者、传承者、弘扬者，肩负着提高国民教育文化素质、促进广大青少年健康成长的使命。我们希望与其他合作机构一起让《百年巨匠·教育体育篇》能够成为一扇窗口，以有限的文字与影像，尽最大努力向世人展示教育大家们丰富的精神思想遗产。

故结此集，与读者共享共思。

重塑巨匠形象 重温巨匠精神

——《百年巨匠·教育体育篇》丛书出版说明

陈宏

《百年巨匠·教育体育篇》总编导

《百年巨匠·教育体育篇》丛书根据同名人物传记类纪录片拓展编著而成，目前正式推出关于蔡元培、陶行知、黄炎培、吴玉章、叶圣陶、马约翰、蒋南翔、张伯苓、董守义九位著名教育家（含体育教育家）的作品，讲述他们的生平事迹、教育活动、教育思想、教育贡献、历史影响以及对今天的启示，展示他们"学为人师，行为世范"的教育情操和人格魅力，讴歌他们教育救国、教育强国的家国情怀和理想信念。

一、背景意义

教育乃"国之大者"。教育在国家富强、民族振兴和社会发展中具有基础性地位；师者乃人类灵魂之工程师，承载着传播知识、播种文明和培根铸魂、塑造新人之时代重任。回望过去的一百年，特别是上个世纪的上半叶，教育在改造社会、教师在重塑国民的伟大社会革命实践中发挥了基础性和先导性作用。习近平总书记曾指出，教师是人类历史上最古老的职业之一，也是最伟大、最神圣的职业之一。在古代,孔子被推崇为"大成至圣先师",被誉为"万世师表"。在中华民族文明发展史上,特别是在近现代百年来中国教育事业发展的历史进程中,英雄辈出,大师荟萃,涌现出许许多多辛勤耕耘、涉猎广博、造诣精深的"大师级"教育家,不同程度地推动了中国社会历史的发展。随着岁月的流逝,如何将他们的教育实践、教育思想、教育成果、大师精神保存和传承下去,构建系统丰富的中国教育名家大师的教育人生档案和思想精神宝库,并使之成为滋养广大青少年的精神文化财富,是一项具有重要意义的文化教育工程。鉴于此,中国文学艺术界联合会、中国文学艺术基金会、中国教育电视台与百年巨匠(北京)文化传播有限公司携手联合相关单位及机构,勇担历史赋予的责任和使命,组织教育领域和影视领域相关专家学者,站在继承和丰富中国传统教育文化的历史高度,汲取国际先进教育理念,共同策划制作播出了大型教育(含体育教育)题材人物传记类纪录片《百年巨匠·教育体育篇》,获得了中国电视金鹰奖等十余个奖项,在社会上引起广泛反响。重塑大师形象,重温大师精神。这套丛书就是基于该部大型系列纪录片的基本视角、基本结构、基本内容、基本理念,从百年巨匠的维度,用习近平新时代中国特色社会主义思想以及习近平总书记关于教育的重要讲话精神为指导来解读中国著名教育家(含体育教育家)的人物传记作品。

高山仰止,金鉴万代。用纪实美学的方式编著在教育界有重大影响、有卓越成就的名家大师,激活、唤醒、重塑他们的人文情怀、爱国精神和理想信念,具有重要的历史文献价值和社会时代价值。这是中国教育事业发展变迁的历史见证,是无数教育人智慧与汗水的结晶,是给后辈留下的珍贵遗产,也是展示国家民族文明进步的窗口。这些资源可以为校园思想政治教育提供珍贵的教材教案,可以为新时代造就有品德、有品格、有品位的"大先生"提供宝贵借鉴,可以为培养中华民族伟大复兴栋梁之材提供精神滋养。

二、编著原则

总的来说,《百年巨匠·教育体育篇》丛书脱胎于大型系列纪录片《百年巨匠》,因此,这套丛书首先要处理好承继性。电视纪录片《百年巨匠》及其各系列同名书籍由若干篇章构成,像建筑篇、艺术篇、音乐篇等等,这些作品在出品方的要求下,已经形成了统一的风格样式,因此本系列丛书在大的纪实风格样式上不去打破。其次是要坚持创新性。有继承,也应有创新。不同系列作品一波又一波的主创团队在尊重《百年巨匠》基本风格样式的基础上,又不同程度地加入了自己的创见。而且《百年巨匠》创作已逾十年,过去的十年和新的征程,既有历史的连续性,又有新的时代特征,创作者理应紧密把握时代发展大势和教育发展趋势,创作出回应时代关切的作品来。本系列的创新主要体现在"致广大而尽精微":视野更加深远辽阔,观照中国历史和人类世界的教育大师和教育思想;谱写更加精准细腻,在教育强国、科技强国、数字中国、职业教育等领域发挥人物传记讲好中国故事、传播好中国声音的独特价值,使《百年巨匠》品质达到新高度。

具体来说遵循以下原则:

一是教育视角。丛书讲述的教育家(含体育教育家),他们大多具有多重身份，但这里主要讲述其教育身份的这一面，侧重从教育角度讲述他们的教育历程、教育理念和教育贡献，并从中勾勒出鲜明的性格特征，凸显其卓越的人格魅力、崇高的精神情操及深沉的家国情怀。对其教育身份产生重要影响的其他事迹也稍有涉及。

二是当代视角。任何历史都是当代史。充分运用最新前沿研究成果，挖掘和披露新的史料，用当代视角解读诠释这些教育家，力争在一定程度上填补历史空白，努力使该书对当下教育有启发；建立与当下生活的连接，注重引发年轻人的共情，用他们的教育情怀和精神情操引领、滋养今天的教育工作者和广大青少年学生。

三是准确权威。因为是在为国家民族巨匠画像，作品中的史料、提法、评述力求准确，经得起当下的和历史的检验。对转述其他专家评价，包括采访其亲属和身边工作人员的提法也力求翔实，避免对大师过分拔高，在定性表述上谨慎用词，并对别的文献中使用过的"之父、奠基者、开创者、唯一"提法，慎之又慎，多方考证再用。

三、创作风格

丛书采用人物传记体，进行具有创新性的纪实美学表达。每册统一体例，内容包括引子和主体故事，其中主体故事由若干小故事构成，形成有张力、有冲突、有温度、有思想韵味的人物传记。

将大师的个体人物历史融进国家史、民族史、教育史中，紧密联系当时的历史背景和时代特征，讲好家教与中国传统文化、传统教育以及国际教育理念的关系，增加文本的底蕴与厚度，着力表现他们在波澜壮阔的历史潮流中，献身于国家与民族的伟大情怀和创造精神。

聚焦大师人生历程的几个转折点，通过故事化、传奇性的叙述展现人物跌宕起伏的命运史诗。人物创作如果把握不好很容易沦为生平事迹的流水账式介绍，类似人物的"日记体"、年谱，同时，也不能变成艰深晦涩的学术罗列。要讲好故事，必须挖掘其人生历程中的人物命运感，凸显其悬念、冲突、戏剧性。当然，只讲故事不带出理念，也会使作品失去高度和特色。本书努力将理念寓于故事中，并使其成为推动故事进展的内在逻辑力量。

用艺术展示学术。坚持"用形象演绎逻辑、用艺术展示学术、用故事阐释言论、用客观表达主观"的原则，努力把隐形化、基因化、碎片化的学术观点、历史资料变成具象化、故事化的表达。以润物细无声的方式，将学术观点渗透到大量史料和感人的故事中，做到艺术性和学术性的有机统一：无生搬硬套之嫌，有水到渠成之妙。

人物生活化。改变对大师"高大全"形象的塑造，而是再现一个更加人性化、生活化的有血有肉的大师形象。力求将大师伟大的人格与细腻的情感统一在故事中，用以小见大、由近及远的表现形式梳理人生，展现大师的教育实践、人格魅力，让大师的故事更加贴近生活、贴近历史，在波澜壮阔的历史洪流中彰显大师的家国情怀与教育贡献，努力追求作品既反映历史真相又记录时代进程，使其具有较强的文献传承性、历史厚重感和时代感召力。

特别要说明的是，研究这九位大师的九位著名学者，他们既是同名纪录片的学术撰稿人,也是本系列丛书的学术指导。他们以专业的学术见地和学术态度为丛书贡献了甚至毕生的研究成果,其中国教育科学研究院的储朝晖研究员作为本系列丛书学术专家的组织协调者付出了更多心血;同名纪录片的编导主创团队也为本书提供了大量一手采访素材,包括收集到的多种文献资料;九位大师的家人、亲友,同事、学生等,深情讲述了他们的故事,也为本书提供了若干史料。是大家共同谱写了九位大师的人生故事,共同奏响了九位大师的命运交响曲,在此一并表达谢意!还要感谢外文出版社的大力支持,感谢胡开敏社长的热情指导,感谢蔡莉莉主任高度的责任感和辛勤付出,使本系列丛书得以顺利付梓!

目　录

引　子 / 1
第一章　带着马铃瓜去赶考 / 5
第二章　新学下的思想启蒙 / 13
第三章　二十块大洋带来的思考 / 27
第四章　失意与得意 / 37
第五章　教育理想国——甪直五高 / 45
第六章　中学与大学的教育探路 / 63
第七章　从国文教师到教材编辑 / 75
第八章　一炮而红的《开明国语课本》 / 85
第九章　漂泊入川 / 95
第十章　战火中重生的《中学生》 / 103
第十一章　炸不毁的教育救国心 / 111
第十二章　胜利，东归 / 127
第十三章　与新中国同时诞生的教科书 / 135
第十四章　人民教育的全新征程 / 151
第十五章　一代"语文"宗师 / 159

第十六章	《新华字典》	/ 171
第十七章	语言的纯洁和规范	/ 185
第十八章	教是为了达到不需要教	/ 195
第十九章	晚年的呼吁	/ 203
第二十章	巨匠远行	/ 213

| 参考书目 | / 225 |
| 编导手记 | / 226 |

百年巨匠
Century Masters
叶圣陶 Ye Shengtao

引子

叶圣陶先生

引子

2023年6月，人民教育出版社组织的小学语文教材编写会正在进行。来自全国的语文专家，在激烈争论中逐字逐句地打磨着新一版语文教材。

>那就是跟语文要素扣不上……
>
>这个课文内容，你非得把语言动作那些东西（加进去）
>
>我不是说不要这个……
>
>民风民俗它肯定是个人的……
>
>是一个地方人的品质……
>
>如果这样还达不到目的的话，那可能还要重新再来审一遍……

这种集体会商审读教材的传统，在人民教育出版社已坚持了半个多世纪。这种传统的创始者，便是现代"语文"学科的奠基人，叶圣陶先生。

中华人民共和国成立前夕，叶圣陶担任当时的华北人民政府教科书编审委员会主任，他在新教材的改编战斗中提出："解放军打到哪里，我们就要把教科书送到哪里！"

中华人民共和国成立后，全国开始建立统一的教材制度，叶圣陶成为新中国教材事业的核心领导者，他笔下的大量文学作品在中国的教材出版史上占有重要地位。叶圣陶于1923年来到商务印书馆国文部开始正式从事教科书的编辑工作，2023年正是叶圣陶从事教材编辑工作100周年。

如今，叶圣陶的多个作品被收录进了中小学语文教材，其中《荷花》被收入三年级课本，《爬山虎的脚》被收入四年级课本，《记金华的双龙洞》被收入六年级课本和四年级课本，《苏州园林》则被收入初中语文课本。

一篇《苏州园林》，牵动了无数人学生时代的记忆，这篇佳作也承载着叶圣陶的童年记忆："苏州园林据说有一百多处，我到过的不过十多处。其他地方的园林我也到过一些。倘若要我说说总的印象，我觉得苏州园林是我国各地园林的标本，各地园林或多或少都受到苏州园林的影响。因此，谁如果要鉴赏我国的园林，苏州园林就不该错过。"

一篇《藕与莼菜》，让无数人怀念起了故乡滋味，也品读到了叶圣陶"偶然被藕与莼菜所牵系"的故乡思情："同朋友喝酒，嚼着薄片的雪藕，忽然怀念起故乡来了。若在故乡，每当新秋的早晨，门前经过许多乡人：男的紫赤的胳膊和小腿肌肉突起，躯干高大且挺直，使人起健康的感觉；女的往往裹着白地青花的头巾，虽然赤脚，却穿短短的夏布裙，躯干固然不及男的那样高，但是别有一种健康的美的风致；他们各挑着一副担子，盛着鲜嫩的玉色的长节的藕。在产藕的池塘里，在城外曲曲弯弯的小河边，他们把这些藕一再洗濯，所以这样洁白。"

叶圣陶的文章带无数读者走进了他所构建的文学世界，这个丰富多彩的文学世界勾勒出了叶圣陶真实生活的些许片段，让人回味，更让人浮想联翩：他的内心世界为何如此丰富？他的思想为何如此敏锐？他的语言为何如此滋养人心？在课本之外，他又有多少精彩的故事我们还没读到？

百年巨匠 叶圣陶 Ye Shengtao Century Masters

第一章 带着马铃瓜去赶考

苏州享有"湖山毓秀，人杰地灵"的美誉，是一座人文欣荣的历史名城，小桥流水、粉墙黛瓦，这种温婉静谧的美让无数人流连忘返，也滋养着生活在这里的人们，叶圣陶就出生在这座半城诗意半城烟火的江南水乡。

1894年10月28日，江苏省苏州市吴县悬桥巷的一个平凡质朴却十分温馨的家庭迎来了一件大喜事，47岁的叶钟济和30岁的妻子朱氏喜得贵子，夫妻两人万分欣喜，为孩子取名叶绍钧。

叶钟济为人正直善良，很受乡邻敬重，他对祖辈行孝，对穷苦人行仁。他常去小铺子里买东西，别人嫌小铺子的货物太差，他却说："我们不去买，小店里的人靠什么生活呢？"

叶钟济为一家吴姓地主家做"知数"，管理田租，即是账房先生，他做账房的收入并不多，却一人支撑起了整个家。原来是包含父亲、母亲、妻子的四口之家，如今新添了男丁，又多了一些开支，家中虽然清贫，日子却过得十分温馨。

叶绍钧是叶钟济的第一个孩子，他自小被家人视若珍宝，寄予厚望。叶钟济希望孩子能取得功名，一直对他的学业严格要求。叶绍钧3岁就开始在家中识字、写字，自小练得一手秀丽工整的书法。

叶绍钧的母亲朱氏虽然识字不多，却知道许多的谜语、诗词和歌谣，叶绍钧至今仍清楚记得母亲为他亲唱的儿歌：

踏水车

咿呀咿呀踏水车。水车沟里一条蛇,游来游去捉虾蟆。虾蟆躲在青草里。青草开花结牡丹。牡丹娘子要嫁人,石榴姊姊做媒人。桃花园里铺"行家"(嫁妆),梅花园里结成亲……

月儿弯弯照九州

月儿弯弯照九州,几家欢乐几家愁?几家夫妇同罗帐?几个飘零在外头?

叶圣陶在散文《卖白果》中还写到父母亲教他摹仿"卖白果"的声调,学唱吆喝"卖白果"的歌儿:"烫手热白果,香又香来糯又糯,一个铜钱买三颗,三个铜钱买十颗。要买就来数,不买就挑过。"

叶绍钧上私塾之前就已经认得3000多字了,他6岁时进入了富家陆氏自设的私塾读书,教书先生姓黄,专为陆家的几个孩子教书,叶绍钧作为旁听生与陆家孩子一同学习。他在1910年11月24日的日记中曾经回忆起了初入私塾时的情景:"到校后第一时,介先生上国文课讲欧阳永叔《李氏东园亭记》。篇中言幼时游此园之景象,与此时之景象变而大不同,叹年光之倏忽,踪迹之无常。余因而忆及六七岁时,陆氏住悬桥巷,余与其诸昆季同学宅中,有报春草堂及某亭某轩,庭中梅树数十株,杏李等亦多,解馆及课余,相与嬉戏其中。"

叶绍钧在私塾里先读《三字经》《千字文》,后熟读《四书》《诗经》《易经》。学生要在老师面前把文章背诵出来,老师才会教下去,叶绍钧每天都要用这种方式理书温习。父亲叶钟济也会严格督促他温书、背书,立下"(背书)弗熟不得进膳"的家规。

叶绍钧在这里度过了一年的学习时光,陆家的各房就闹起了分

苏州吴县悬桥巷私塾

家,他们把宅院分片卖了,也把家塾关停了。随后,7岁的叶绍钧去了张承胪先生设立的私塾读书,与顾颉刚成了同窗。

顾颉刚在《古史辨》第一册《自序》中写到:"(张承胪)这位老先生对付学生本来已很严厉,因为我的祖父是他的朋友,所以对我尤为严厉。我越怕读,他越要逼着我读。我念不出时,他把戒尺在桌上乱碰;背不出时,戒尺便在我头上乱打。在这种的威吓和迫击之下,常使我战栗恐怖,结果竟把我逼成了口吃。"

天资聪慧的叶绍钧则骄傲地回忆起当年的私塾经历:"幼年习五经,背诵于塾师之侧,均能上口,手掌未尝受戒尺。"

但是叶绍钧对这种强行灌输知识,待童子如囚犯的教学方式其实是反感的。这种传统的教学虽然可以让学生通过强化记忆的方式来掌握古文典籍,但过于死板单调,学生在被动学习的情况下,不免对四书五经中的纲常伦理和大道哲思感到乏味,学习知识的同时还会沉浸在遭受惩罚的恐惧中。旧式教育让叶圣陶感到压抑,他把更多的兴趣投向了课本之外的世界。

叶绍钧闲时常跟父亲去茶馆听"说书",这种民间讲唱艺术现在被称为"苏州弹词","说书"有"大书"和"小书"两种类别。他后来在《说书》一文中提到了这段有趣的经历:"我从七八岁的时候起,私塾里放了学,常常跟着父亲去'听书'。到十三岁进了学校才间断。这几年间听的'书'真不少,'小书'如《珍珠塔》《描金凤》《三笑》《文武香球》,'大书'如《三国志》《水浒》《英烈》《金台传》,都不止听一遍,最多的听到三遍、四遍。"

叶绍钧8岁在书房里开笔写文,教师出的题目为《登高自卑说》。叶绍钧写了80多字,末尾写"登高尚尔,而况于学乎"。就在"尔"字"乎"字旁边,获得了老师的两个双圈。

叶绍钧在八九岁的时候,就开始喝酒了。当时父亲叶钟济每天傍晚到玄妙观前街的老万全酒店喝酒,叶绍钧从书塾里放学回来就常跟着父亲去酒店。父亲规定喝十二两,叶绍钧喝四两,合起来正好是"老秤"的一斤。

叶绍钧因写得一手好文章,常常为同学暗中代笔写作业,导致他对一个题目常常要写上三四篇不同的文章,还要按时交活儿。父亲见叶绍钧文笔日渐精进,就有了让他去考秀才的心思。

1906年春,叶绍钧进小学读书之前,他的堂叔叶朝缙根据《诗经·小雅》里的"秉国之均",为他取字"秉臣","均"即是"钧","秉国之均"大意为掌握治理国家的枢纽,接下去的两句便是能辅助君主,教化百姓,这样的人就是"臣"。"秉臣"这个字号由此得来。

这一年夏,11岁的叶绍钧被送上了全国最盛大的考场,参加科举考试。

父亲嘴上说并不奢望叶绍钧现在就取得功名,只是让他去"观场",熟悉一下考试场面,长长见识,以后再去正式考试时就熟门熟路，不会怯场了，但父亲心里还是有一丝撞大运的期盼。

叶绍钧原本不想去，后来想了想，就跟父亲谈了一个条件："要我去，必须带两个马铃瓜。"父亲一口答应了。

清朝末年，由于"维新"思潮的影响，科举考试的规则和内容有所改良："不专以诗赋为进退"，"废八股"，作文也不再只从"经书"里出题目，既作"经义"，也写"策论"。进考场非但不用搜身，还允许把书带进考场。

12岁时的叶圣陶

考试当天，叶绍钧的所有书卷文具都由舅父手提，书箱里边装有石印的《四书味根录》《五经备旨》《应试必读》《应试金针》《圣谕广训》等书。叶绍钧只拎着一个轻巧的竹篮，父亲不但为他准备了两个马铃瓜，放在竹篮中间，还附上了七八个馒头、一包火腿，还有西瓜子、花生米、制橄榄这些消遣的吃食。

考生需在夜里12点之前进入考场，通宵答卷，最快的考生可在第二天上午交卷，慢的也可以到下午交卷。家人为叶绍钧头上系着红辫线，以示年幼。舅父带着叶绍钧在夜色中穿行，早早地赶来了苏州双塔附近的贡院考场。

别的考生在打牌中等候点名，叶绍钧却一心惦记着盒子里那两个翠绿皮的马铃瓜，他早已嘴馋，但又不好当着众人的面吃瓜，只好忍住。

终于，贡院开始点名，考生如潮水一般涌向了点录处，提着竹篮的叶绍钧被挤得跟跟跄跄，生怕两个没舍得吃的马铃瓜被挤烂了。他最终对号入座，来到了自己的考试小隔间，获得了一个独立的考试之地和安全的用餐之所。

苏州贡院附近的双塔

叶绍钧刚一坐定就吃完了大半个马铃瓜，随后开始吃馒头、啃火腿、嗑瓜子，不时围观起考场上揪出来的"冒籍"和"枪替"。考试需要写300字以上的文章，直到第二天上午十一点他才匆忙写了一篇200多字的策论，实在想不出可写的内容，就翻书照抄了一节《圣谕广训》，抄够300字后，已是傍晚，叶绍钧终于完成任务，交了考卷。

这样去赴考的叶绍钧自然是榜上无名。但即便是考场上最在意考试结果的人，"登科"的大门也永远关闭了！

1905年是中国近代历史大变局的开端，光绪皇帝发布上谕："从丙午（1906年）科为始，所有岁试、乡试、会试一律停止，各省岁科考试亦即停止。"科举考试从此取消，延续了1300多年的科举制度宣告落幕，新学取而代之，求学中的叶绍钧即将迎来一个全新的世界。

百年巨匠 叶圣陶 Ye Shengtao Century Masters

第二章 新学下的思想启蒙

科举既废，苏州的绅士们为了振兴教育，在 1906 年春筹款创办了长元吴公立高等小学堂，学堂的校名来自苏州三县"长洲县、元和县、吴县"县名的第一个字。

民间陆续传出小学毕业相当于童生，中学毕业相当于举人的说法。叶绍钧的父亲叶钟济就想着让他去试试考取个"童生"，叶钟济还打听出了顾颉刚要考的小学，他深信顾家的眼光，就让叶绍钧报考了同一所小学。为了方便孩子上学，叶钟济甚至有了举家搬到学校附近的打算。

长元吴公立高等小学堂以《征兵说》为题进行招生，共录取了 47 名新生。顾颉刚名列榜首，叶绍钧也以高分上榜，顺利考上了苏州城第一所公立小学。

小学的教师有留日归来的章伯寅，教授修身、历史、地理、音乐课，朱遂颖教授国文，龚赓禹教授经学、博物，杜安伯教授英文、算术，罗树敏教授图画，孙雨苍、赵至善先后教授体操。叶绍钧就这样从"子曰铺"一下子来到了"洋学堂"。

1906 年的冬天，新校舍落成后，学校在新校舍开展游艺会，由来宾当场为各学科命题，师生们一起表演学术、算术、国文。汪凤春先生为国文科命题，题目为《革命立宪辨》。顾颉刚、叶圣陶和赵孟韶各写一段内容，联合成篇，汪凤春命题时笔记潦草，顾颉刚起篇时就把"革"字误认为"草"字，大做"草命立宪辨"之文章，叶圣陶等人也随之离题万里,相继发挥创作,他们花了一个小时,结果发现文不对题,闹出了一段"文坛"趣闻。

叶绍钧生来体质较弱,但在小学读书时,接受了严格的"军国民教育",培养出了"苦练"和"实干"的精神。学堂的教师章伯寅大力宣传"没有健全的体格,决不会产生优秀的文化"。

叶绍钧在后来回忆章伯寅、朱遂颖两位老师时还说:"我受两位先生的教育只有一年,可是得益极大,一辈子受用。"

顾颉刚在《记三十年前与圣陶交谊》一文中写道,叶圣陶平时爱好体育和音乐,"每观其缘附竹竿达凉棚颠,若猱升木,恒有愧弗如"。

叶绍钧后来在《家》一文中写下了他当年的学余趣事:"十一二岁的时候,在学堂里练习跳高,回家后似乎恐怕一夜的间歇会减低已

苏州公立第一中学,建校廿周纪念塔上刻有"叶绍钧"三个字

叶圣陶（倒数第二排右一）在草桥中学的毕业合照

达的高度，乘着夜色还没有十分浓厚，在屋内继续练习。木架子当然是没有，幸而所谓高度并不怎么高，一只凳子，上面再加一个面盆，就相仿佛了。于是两只凳子同两只面盆代替了木架子，上面搁着一根细竹竿，我就一回一回地跳着。也不管足跟顿在方砖地上不大舒服，也不管头颅有撞在门框上以及门限上的危险，只觉这室内就是学堂里的运动场了，我也有在运动场里一般的快乐。"

长元吴公立高等小学堂原是三年的学制，叶圣陶因成绩优异，读了一年就越级考入了新创办的苏州公立第一中学堂。学堂位于玉带河草桥南塊路东，又称草桥中学。

草桥中学源于1805年的正宜书院，在1907年开始设立新学，即是叶绍钧入学的这一年。草桥中学的第一任校长蔡俊铺在1906年去日本考察中学教育，回校后参考日本的教学经验，在教育制度和课程设置方面进行了改革。蔡俊镛辞职后，继任的校长大都是维新派，教师则多是上海复旦大学的毕业生。

在草桥中学里，程仰苏教经学，蔡璜教历史，朱世增教数学，孙伯南教国文，周先振教英文，张国维教地理、博物；罗树敏教图画，潘起鹏教音乐，洪竹铭教体操，修身课由校长蔡俊镛兼授。

草桥中学的学制为五年，叶圣陶在草桥中学的五年，是积极参与社会活动的五年，也是勤奋学习，广泛涉猎文学、理学、哲学、金石、篆刻、绘画、音乐、戏剧等多种学科知识的五年。

十三四岁的叶绍钧喜欢在运动场上奔跑，但他因为一个意外，从此戒了足球。当时，学校里的运动场还没有铺好，刚铺了一层小石块，预备在上面铺一层沙土，再用铁碾碾得平贴。叶绍钧等学生等不及运动场修好，捧出足球就踢。他们不管双方的门和界线，不管排兵布阵，只是追着球跑，见球下落就抢，抢到了就把它踢出去。

一天傍晚，拿着书包准备回家的叶绍钧还不想离开运动场，继续奔逐足球，突然间耳边"砰"的一响，他的左颊受到猛烈一击，整个人就跌倒在地，右膝盖和裤子都破了，还能看见溢出的鲜血和裂开的皮肉。

好心的同学把他扶起来，送回了家。叶绍钧就在家整整躺了一个星期，后来身体康复了，再次回到了学校，但他每次看到运动场上高速腾跃的球就有点儿害怕。虽然知道球不会天天撞到脸上来，但他的两条腿总像被无形的绳索牵住了，不肯再跨进运动场了。

在叶绍钧的中学生活里，有些兴趣消失了，有些新的兴趣出现了。他在《杂谈我的写作》里回忆起了他学英文时的两本必读书，他使用的本子是华盛顿欧文的《见闻杂记》和古德斯密的《威克斐牧师传》，这两本书让叶绍钧在写作上深受启发："那富于诗趣的描写，那看似平淡而实有深味的叙述，当时以为都不是读过的一些书中所有的，爱赏不已，尤其是《妻》《睡谷》《李迫大梦》以及叙述圣诞节和威斯明司德寺的几篇。虽然记了字义，对于那些生僻的字到底没有记住；文章的文法关系更谈不到了，先生解说的当时就没有弄明白；但是华盛顿欧文的文趣（现在想来就是'风格'了）很打动了我。我曾经这样想过，若用这种文趣写文字，那多么好呢！这以前，我也看过好些旧小说，如《水浒》《三国演义》《红楼梦》，都曾看过好几遍；但只是对于故事发生兴趣而已，并不觉得写作方面有什么好处。"

叶绍钧在学习英文的过程中，被另一种语言的表达深深吸引，他随后在《杂谈我的写作》里提到他的写作是如何开始的："我从书塾中'开笔'，一直到进了中学，都按期作文。这种作文是强迫的练习，不是自动的抒写，不能算写作。自动抒写的开始是作诗。记得第一首诗是咏月的绝句，开头道，'纤云拥出一轮寒'，以下三句记不起了。那时我在中学里，大概是二年生或三年生，升到五年级（前清中学五年毕业）的时候，和几个同学发起一种《课馀丽泽》，自己作稿，自己写钢版，自己印发，每期两张或三张，犹如现在的壁报；我常常写一些短论或杂稿，这算是发表文字的开始。"

1908年春，叶绍钧在草桥中学组织了诗社，他受到白居易《放言》诗的启发，为诗社取名"放社"，意在放言高歌，抒发志向。顾颉刚在叶绍钧入学一年后也考入了这所中学，两人与其他同学一起创办了《学艺日刊》，叶绍钧的创作欲在这些社团和期刊中得到了尽情释放。

1910年11月2日，刚满17岁的叶圣陶开始了一个伴随终身的重要习惯——写日记，他在日记里已开始使用"圣陶"的字号，日记本封面写着"圣陶日记"。

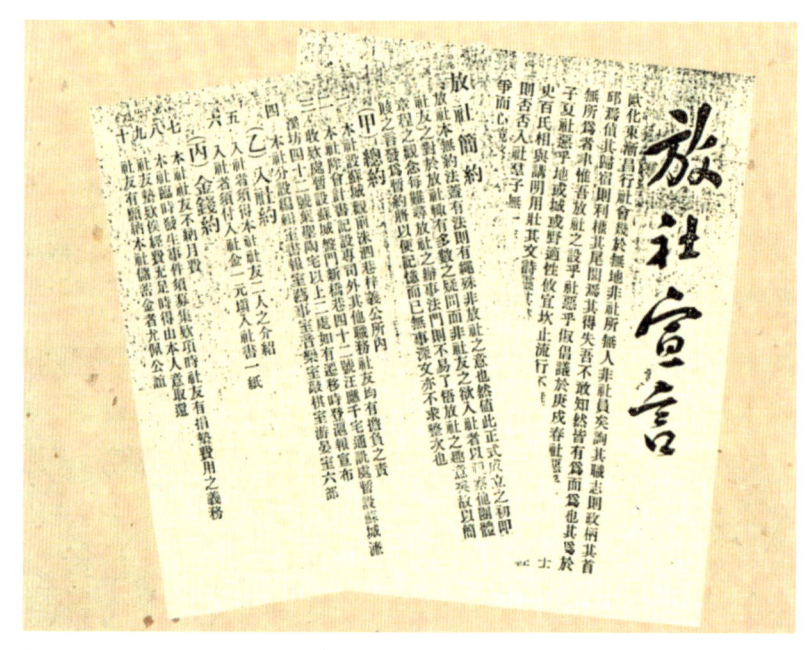

放社宣言

他在《圣陶日记》的"缘起"中说:"我之生也以甲午九月三十日,以迄昨日,十六周岁矣,而今日为十七岁之第一日。日来于百事之动静变迁,以及师长之朝训夕诲,每清晨卧思,若有所会,而未足云心得也;及下床一有他事则强半忘之,虽于肠角搜索亦难得矣。因思古来贤哲皆有日记,所以记每日所作所思所得种种。我于是效之而作日记,而非敢以贤哲自比也。以今日为十七岁之第一日,故即以今日始。且我过失孔多,己而察之,志之日记;己而不察,人或告之,亦志之日记:庶以求不贰过也。"

就在这一年,草桥中学迎来了新校长,他是同盟会在江苏省的负责人,是我国近代革命先驱、著名教育家袁希洛先生。袁希洛曾留学日本,回国后带回了很多教育理念,出任草桥中学第四任监督(校长)

后，他大胆进行教育改革，促成了草桥中心多元化的学风和优良的校风。

他在学校大力宣传教育救国理念，向学生宣传孙中山恢复中华、建立民国等主张，并将救国爱国的思想融入课程之中，让军国民教育理念深入到每一个学生心里。

袁希洛校长不希望学生成为一个文质彬彬的儒生，他倡导学生参加军训，参加劳动。学校要培养学生，更要培养革命干部。在一个烈日炎炎的夏天，学生们怕晒怕苦不愿操练，袁希洛就亲自上场，陪着学生们在烈日下暴晒了一个小时。他以身为范的作风让学生们敬服，学生们操练时的态度瞬间有了转变。袁希洛认为"指爪"和"发辫"是"我国物质野蛮之表现"，于是带头剪了头发，成了一个"光头"校长。他希望学生们成为一个救国救民的尚武强者，在他的带动和影响下，学校的校风有了很大变化。

袁希洛以提倡体育为名，向抚署申请领取枪支，进行实习。苏州巡抚程德全批准后，学校就去军械局领回了大概百支前膛枪。但学校的学生较多，数目倍于枪，常常两人共用一支枪。此后，体育教师魏旭东（廷晖）先生每天都带领学生到王废基进行操练。

叶圣陶所持的后膛枪，上了刺刀，大概有七八斤重，后面的左侧又系着刺刀的壳子，他这样装束起来，俨然有了军人的样子。叶圣陶

青年时代的袁希洛

受了三年以上的军事训练,这种从思想到实践的全方位爱国教育对他的影响非常大。

军事训练最初每天只操练一两个小时,后来增长为三四个小时,最初为阵势演练,后来升级为埋伏冲锋。一些学生因为吃不了这份苦,常常避之不去,叶圣陶和顾颉刚却从不缺席。

帝国主义对中国的经济侵略日益严重,外货充斥中国市场,国内手工业破产,一些爱国人士决定在南京举办劝业会,鼓励民族资产阶级和南洋华侨在国内投资开厂,振兴实业。

叶圣陶等学生来到劝业会参观。他们刚走进会场正门,就迎来了一场疾风骤雨,但队伍仍井然有序地立停,成双行向左转,报数,搭枪架,然后散开,到各个馆去参观,丝毫不受外界因素的影响。第二天的《会场日报》上就特别刊登了这件事情:某某中学到来参观,完全是军队模样,遇到阵雨,队伍决不散乱,学生个个精神百倍。叶圣陶等人都十分珍视这一则新闻纪事,认为这是一次旅行的荣誉。

1911年,清政府出卖铁路修筑权,激起了全国人民的怒潮。四川的保路运动逐渐发展为武装起义,清政府随即调集湖北等省的军队入川镇压。10月10日夜,湖北新军工程第八营革命党人熊秉坤等人率领起义军攻占凤凰山并控制武昌,武昌起义的枪声拉开了辛亥革命的序幕。

湖北军政府成立,黎元洪被推选为都督,改国号为中华民国。武昌起义胜利后的短短两个月时间里,湖南、广东等十几个省纷纷脱离清政府,宣布独立。

11月5日,苏州光复。叶圣陶在日记中写道:"叔父适自街头归,谓吾苏州已于昨夜起事,今则中华民国军政府之示遍贴路侧矣。闻之喜极,即驰至校中。则校门上高悬白旗,诸同学方在门口欣跃也,相见后各致慰贺。"

校长袁希洛在武昌起义后，一直在沪宁杭等地游说，宣扬革命。他在 11 月 5 日凌晨从上海回到了苏州，让各个学堂悬挂白旗以示庆贺。当时的叶圣陶做出一个重大决定，他剪掉了辫子，庆贺自己和同胞们都获得了"新生"，跨入了世界"文明"的行列，他在 11 月 5 日的日记中写下了当时的激动心情："至十句钟复至校中。令时适来，则发辫已剪去，劝我盍剪去之。盖近日同学中剪去者已十之八矣。余应之，即请令时捉刀。'嗑榻'一声，"豚尾"之嘲已解，更徐徐修整，令之等长。揽镜自照，已不出家僧矣。而种种居止行动得以便捷，则我生自今日始也。"

为了助力革命，讨伐"清军"，叶圣陶在 11 月 5 日这天满怀一腔激昂的热血加入了苏州学军界组织的"学团"。他在 11 月 10 日的日记记录着当天的出巡情况："学团组织已极完备。总机关在巡警学堂，团长为该校教员王君，可以实接都督府。今日颁来肩章若干，上书'苏城学团'，下书'公立中学'，余亦取其一副缝之操衣上。……晚饭后八句钟，列队出巡。少憩观里机房殿，乃至娄门。所行多小街狭巷，盖此等地方易藏奸宄也。回至护龙街，少憩华严寺。乃至帅君元丙处吃粥。久行于寒露之中，得一沾热浆，自然异常温暖。食毕少坐，遂归校。即假岷原榻以寝。一楼明月，倍觉多味也。"

叶圣陶在 11 月 13 日的日记中还在为"至轻之义务犹未能终尽"而感到羞愧："我等人恒自命不凡，然不凡者得此假期必大有所作为，如近时或则投身军界，担一分扶汉之责，或则下帷攻学，修将来更进之功，而我于此皆未能也。壮怀自许亦不敢言矣，羞杀羞杀。"

然而革命并非一帆风顺，革命军受挫的消息不时传出，学团人心离散，这个组织只维持了半个月就解散了。

叶圣陶不能"荷戈疆场",就和同学们一起想办法筹集军饷。他在12月26日的日记中写道:"日间与企虺、凫岑闲谈,言及近日军饷非常缺乏。凫岑言我校同学可排演新剧,得资助饷。虽一粟之于沧海,然心可少慰矣。余闻之大喜,即欲编辑脚本,用时事而寓劝化之意。在苏演数日,更可周历各乡,可以广教育,可以集多金,诚善法也。"

叶圣陶还试图通过创作新剧来宣扬革命思想,启迪世人,赚来的钱还能拿去赞助军饷,结果他在排演新剧的过程中也遭遇了重重困难,最终未能如愿。叶圣陶只好"逢人谈吐隐带劝导",以此为革命"尽职务"了。

12月29日,各省代表汇集到南京,选举孙中山为中华民国临时大总统,江苏省的代表正是草桥中学的校长袁希洛。1912年1月1日,孙中山正式就任中华民国临时大总统。2月12日,袁世凯逼清帝退位后,接替孙中山成为中华民国临时大总统,窃取了革命的成果。这场浩浩荡荡的革命推翻了清王朝的统治,结束了中国两千多年的封建君主专制制度,建立了中国历史上第一个资产阶级共和国政府。

1912年1月9日,草桥中学里出现了一群穿着西装洋服的学生,叶圣陶也在其中,他们即将毕业,统一穿了身西式服装,准备拍一张表示"咸与维新"的合照留念。

此时的校长袁希洛正在南京临时政府任参事,他马上要赶赴南京中华民国临时政府议政。毕业生们也憧憬着干一番大事业,他们和袁校长拍完合照后,纷纷向他诉说想去新建立的"南京政府"工作的愿望。袁希洛看着这群意气风发的年轻人,语重心长地说:"20世纪是竞争剧烈之世,非军国民、经济国民不足以立国,而文明日盛、工业发达,全靠科学。立国之本,首在教育。只有振兴教育,养成独立、

叶圣陶等人和校长袁希洛一起拍毕业照

自尊、自由、平等、勤俭、武勇、绵密、活泼之国民,才能发达我中华民族的国势。"

立国之本,首在教育,袁希洛希望这些年轻人尽可能去从事教育工作,因为教育好了一个孩子就会影响一个家庭,继而影响一个时代。叶圣陶原本想在新政府里找一个工作,或是去报社工作,袁希洛的建议让他重新思考了未来的方向和要走的路,此时的他正站在人生的岔路口上,一个上大学的机会又出现在他面前。

顾颉刚的父亲顾子虹是一位才子,他非常欣赏叶圣陶,想出资送他到北京去读书。此时的叶圣陶的家里除了双亲和外祖母,还有两个年幼的妹妹,生活拮据,家境艰难。他渴望能在学业上继续深造,但他也要为日渐衰老的父亲分担挣钱养家的重担,上大学的梦想只能遗憾放弃。

草桥中学成为叶圣陶教育理想萌发的地方，他希望把自己的所学尽早传授给学生，最终放弃了从政的机会，放弃了上大学的机会，义无反顾走上了这条让他坚定一生的教育之路，这张照片便成了他学生时代的定格。

国画大师吴湖帆的父亲吴纳士是当时苏州教育科的科长，在校长袁希洛和吴纳士的帮助下，草桥中学的七位毕业生走向了公立小学，成为了教书育人的老师。叶圣陶去了言子庙小学任教员，他的教育生涯由此拉开了序幕……

第三章 二十块大洋带来的思考

1912年2月24日，叶圣陶来到了苏州城干将坊言子庙的苏州中区第三初等小学（简称言子庙小学），教授国文、算术、修身三门课程，对教育事业无限憧憬的叶圣陶满怀热情，开始了他的执教生涯。

　　这所小学是一座旧庙改建而成的，虽然挂上了公立初等小学的牌子，但学校里不管是老师的观念还是整个硬件设施都没有改变。当时的言子庙小学除了叶圣陶之外，还有丁梦冈和钱选青两位老师，两人都是老先生，思想较为传统。学校总共只有三位老师，设了四个年级，丁梦冈担任校长兼四年级主任，钱选青担任三年级主任，叶圣陶同时担任一年级和二年级的主任，两个年级合并在一个教室上课。

　　开学之前约半个月，两位老先生就约叶圣陶一起去学校清点桌椅。叶圣陶对教室的狭窄和设备的简陋已有预料，写下了"唯光线不甚敞亮也"的感受。教学条件有限，校园氛围守旧，叶圣陶依然对教育改革心怀热忱，对拥有无限可能的学生们充满期待。

　　1912年3月6日，言子庙小学迎来了开学第一天，叶圣陶一早就来到了学校，一、二年级的学生最小的七八岁，最大的十一二岁，四年级学生最大的十六七岁。叶圣陶后来在《时势教育着我们》一文中提到这群学生："年龄虽然相差，识见却似乎没甚上下，都不出学校、里巷、家庭的范围。"

　　不久之前，民国教育总长蔡元培发表了教育改革的纲领《对于新教育之意见》，他对清朝学部1906年规定的忠君、尊孔、尚公、尚武、尚实的五项宗旨进行修订，提出了"军国民教育、实利主义教育、公民道德教育、世界观教育和美感教育"五育并举的新宗旨。他还在《对于新教育之意见》一文中提出："尊孔与信教自由相违。孔子之学术，与后世所谓儒教、孔教，当分别论之；嗣后教育界何以处孔子，及何以处孔教，当特别讨论之。"

蔡元培认为孔学不是宗教，世人尊孔可以自有其道，但教育和宗教不能混为一谈。而在言子庙小学的开学首日，叶圣陶还是感受到了学校浓重的"尊孔"旧习，他在这天的日记中写道："新旧生既尽至，数得百四十人左右，乃分级对孔行礼。余素主不尊孔，今乃亦对孔一跪而三叩，势使然也。"

开学后的一周内，学生人数猛增到一百七十余人，县民政署学务科临时决定添加一个教室，增派过来一名教学经验丰富的老教师潘森伯。经过教学调整后，潘森伯任一年级主任，叶圣陶任二年级主任。

当时的初等小学设置的课目有修身、国文、算术、体操、图画、唱歌、手工课。叶圣陶教授二年级修身课，每周两小时，教授二年级算术课，每周五小时，此外，他还要教授二、三、四年级三个班的国文课，每周十七小时，因此，他的教学任务也是相当繁重的。

年轻的叶圣陶自知教学经验不够，常常虚心向同行和兄弟学校学习。他以前的同学有些去了外地读书，留在当地的大部分都当了老师，他们礼拜天常常组织同学会，聚在一起交流心得和经验。叶圣陶认为他们都教得很好，总是自愧不如，要向他们学习。

教师们讨论起了怎么教孩子写作文的问题，他们想找一些范文，让学生照着模式往上套。叶圣陶认为这不是科举考试，要写成八股文，写作文应是学生想写什么就可以写什么，做的任何事情都可以写出来，学生只要把内容组织好，就可以写成一篇好文章。刚当老师的叶圣陶已经开始有自己独立的教学思维,对旧学旧制有了更为客观的认知。

叶圣陶的一位中学同学,交流起了他在农村教书时的体会,他说农村的孩子特别听话,全然一张白纸,老师说什么都听。班里同学不守纪律或淘气时,一些学生就会自觉站出来提醒和指责,说不能这样,这样做不对。在农村,家长对老师极为尊重,家里有喜事总会邀请老师过来,将其奉为座上宾。学生常在野地里摘一些花,插在小罐里送给老师。有些孩子家里的果树结了果子,也会摘来送给老师吃。

这份动人的师生情和温馨的教学经历让叶圣陶羡慕和向往。在短短一个月时间里,叶圣陶与同事或朋友研讨教育就多达十余次,他们分享出来的教学经验让叶圣陶很受启发。

叶圣陶在教学过程中,乐于打破师生的地位界限,和学生们做朋友,在平等相处的过程中,他还善于发现学生的优点。下雨时,学校里都是水坑,淘气的小孩就喜欢噼里啪啦地踩水玩,还有的孩子叠了小纸船放在水里,再拿起一根小棍,扒拉船,纸船撞在前面的石头上,船翻了。

"触礁了,触礁了!"孩子们就在模拟的"实景"戏剧里兴奋地喊了起来。

孩子们弄湿了衣服和鞋子,会受到老师的批评,但叶圣陶却被这些孩子的天性所感染,喜欢他们的纯真可爱,他便不去阻止,只是看着他们玩。

3月31日这天,叶圣陶领到了人生的第一笔教师薪水,当他拿到20块大洋时,却没有赚钱的喜悦,心里反正多了一份沉重。他在《薪工》这篇文章中刻画过自己领薪水时的心情:"我接在手里,重重的。白亮的银片连成一段,似乎很长,仿佛一时间难以数清片数。这该是我收受的吗？我收受这许多不太僭越吗？"

他在6月3日的日记中再次自我质疑："课既毕，梦冈授余以所领得薪金。接而囊之，乃增种种之思念。以为余家贫，所入苟倍此数亦未嫌其多。然利之生由于有裨益之劳动行为，而余之为教师，学生果受其益乎？"

他在7月8日的日记中也提到："今日又为领薪金之期，一度得钱又惹余一度浩叹。"

叶圣陶每月领薪水时总有一种"僭越之感"，这种受之有愧来自于一位纯粹的教育者的责任感和使命感，他不停鞭策自己，必须要为学生们做点什么。

学校里的教师都是三四十岁的老夫子，叶圣陶才18岁，身形瘦小，俨然跟学生差不了多少，有的学生甚至比他年纪还大。不少学生从私塾过来，从没学过数学，连加减乘除都不懂。学校教室有限，常常一个课堂要坐两个年级的学生。一个教室里的学生年龄大的、小的都有，他们的学习程度也参差不齐，很难统一教学，统一管理。叶圣陶就想出了一个小妙招，他在黑板上画起了画，让已经掌握本堂课知识的学生去学画画，不会的就听他讲课。如此一来学生的学习效率提升了，课堂秩序也好了起来。

叶圣陶认为好的教育，首先应让孩子能乐学，对所学的知识感兴趣。课本里有一篇讲中国水利的文章，叶圣陶觉得这个题材很好，但他拿起课本一看，发现内容极其乏味。他索性抛开了课本，自己备课，打算给孩子们讲长江是什么样，黄河是什么样？结果，这堂课的教学效果非常好，孩子们听得兴高采烈，眼睛都瞪直了。叶圣陶经过一番反思，觉得课程教材有很大的问题，他在后续的教学中干脆放弃了刻板的课本，按自己想教的内容来授课，孩子们在学习过程中也逐渐有了乐学之态。

星期天同学聚会的时候，叶圣陶就提出了教材的问题，教育部的人来学校视察的时候，总跟走马灯似的，转一圈就走了，毫无作用，他们看不到问题，也了解不到学生的学习情况。叶圣陶便想着如果有一天能自己写东西，自己编教材，一定比现在的课本编得更好。但他们没有经费，也没有相应的教育制度的支持，这一切都只是空想。

1912年7月，蔡元培提出了《学校不应拜孔子案》，周作人在《记蔡孑民先生的事》一文中说："蔡先生主张思想自由，不可定于一尊，故在民元废止祀孔。"但社会上的"拜孔尊教"行为仍然屡见不鲜。沈曾植、陈焕章等人在上海成立"孔教会"，创办《孔教会杂志》，苏州学界把孔圣人抬举为"万世之师表"。

言子庙小学在新学期开学的第一天、每年春假返校的第一天、孔子诞生日以及每个重大的节日，都会举行"祀孔"仪式。

叶圣陶在修身课上发表破除封建迷信的言论，许多学生在家接受了太多老一辈的旧思想，对叶圣陶提出了反对意见，这让叶圣陶感到了一丝挫败，他也深知要扭转根深蒂固的旧观念，非一朝一夕之功。

叶圣陶一般不按照课本讲课，他常在修身课讲自己的东西，讲辛亥革命，也讲着装仪态，有时候他会亲自去给孩子们整理衣服。他还使用一些激励机制来引导学生，比如学生一个礼拜都不犯错误，他就带着他们去旅游。

叶圣陶还在学校里垦荒，想要打造一片"艺植园"，他在学校里开出一块地来，开始栽花种草。春天时，师生们一起在这块地里种上了花苗和种子，到了秋天，全校师生就收获了一份百花盛放的美景，花儿开得凌乱，倒也别有一番情调。这块地里还结出了一些葫芦，叶圣陶摘下一个小葫芦放到他的教桌上，他开着窗户，看着小葫芦，欣赏着窗外的风景,心情格外舒畅。

新学期开始,学生们忙里忙外地打扫教室,叶圣陶等人突然心血来潮,想把教室装饰一下,像外国人一样把教室装饰成自己的家。于是,他便和同事们一起改造教室,让学生们学习的地方也充满家的温馨和舒适。

当了一年的老师,叶圣陶给自己的评价是这一年自己做得很不好,还有很多需要改进的地方。他还在1913年3月20日的日记里写下了想把言子庙小学办成"完美之学校"的美好愿望。

一次难忘的教学经历,让叶圣陶备受感动。当时,他染上了疟疾,病了一个多月,人也变得十分消瘦。他在大病痊愈后才回到了学校,在第一堂课上,他发现在整个讲学过程中教室出奇地安静,孩子们仿佛突然成熟了一般,变得不再淘气。他们纷纷觉得老师又回来了,真好,不忍心再给老师添麻烦。这堂课让他印象很深,仿佛是他受教了一般,接收到了学生们的爱心和关心。

言子庙小学虽然挂了公立初小的牌子,但老教师的观念和思想依然陈腐。叶圣陶在学校里做了一些改革,试着用自己的方式提升孩子的学习兴趣,但受制于整个教育制度和教学环境,他的改革措施最后并没有发挥太大作用。叶圣陶在文学上的才华不能自由发挥,教育上的意见又不能见诸实行,他在精神上十分苦痛。

叶圣陶正在摸索教育之道的时候,一股学术暗流开始涌动。苏州光复后,学界的新旧之争日趋激烈,新派教员将守旧的一派逐出学界,同时接纳了一批中学毕业生充实"小教"队伍。

被解职的"老教员"一直怀恨在心,经常聚集在茶馆酒肆,骂人泄愤。辛亥革命失败后,苏州学界的旧势力又开始抬头,一些辛亥革命时被解职的旧教员开始四处活动,想要夺回他们丢失的饭碗,他们很快把目标对准了新派教员,叶圣陶的处境也逐渐变得微妙起来。

苏州的公立学校自开办之日起,就有着"六腊斗争"的暗规。"六"指的六月,"腊"指腊月,按阴历算,这两个月都是学期结束的日子。他们争斗的目标便是教师的岗位。叶圣陶在这个特殊节点上得了伤寒,病了一个多月,于是他请来同学代他上课。

1914年的暑假,叶圣陶听校长说下学期有的小学可能换教师,他还在日记上发表了一段论述,说教师不宜频频更换,他全然没觉察校长是在故意向他吹风。第二天,一位其他学校的同行在茶馆里向叶圣陶透露消息,说言子庙将减少一个教室,随之裁去的教员正是他叶圣陶。

朋友们劝他赶紧去找关系,但叶圣陶不屑于钻营之事,便没有采取任何行动。果然,学校在7月11日以缩减班次的理由解除了叶圣陶的教职。叶圣陶本来想等放假就写辞呈,如今落了个"被裁"的名声。他感到悲凉的不是失去了这份工作,而是对"苏州儿童抑何寡幸"的忧虑。

学校已经下达了通知,他不用再来上班,但叶圣陶还是坚持把学校的工作做完。7月13日,叶圣陶为学生们上完了最后一节课,他怕自己控制不了情绪,就隐瞒了离职的事情,他只是和平常一样,对孩子们交代清楚,他们在放假之后回家要做什么,假期之间要注意些什么。

叶圣陶在7月13日的日记中颇为用心地写下了他在言子庙小学执教两年半的感言:"念相处两岁,虽无善状,却颇注心力。"

百年巨匠 叶圣陶 Ye Shengtao Century Masters

第四章 失意与得意

叶圣陶离开了言子庙小学，没了经济来源，朋友们为他介绍了一些工作，最后都纷纷落空了。为了生计，叶圣陶开始在"小说里讨生活"。

《小说月报》是"五四运动"之后由商务印书馆主办的新文学刊物，作品多为名家之手。叶圣陶是小说月报的忠实读者，他曾向《小说月报》投过稿，却一直未被录用，后来只好转投《礼拜六》《小说丛报》《小说海》等杂志，一般千字两元。他十天写一篇，在失业的一年时间里，一连写了二十多篇作品。然而这段创作时光并没有让他觉得充实和快乐，他在日记里写下了内心的矛盾：

1914年9月14日

晨起绝早，餐已握管作小说，以之售去，亦可以得微资。文而至于卖，格卑已极及，矧今世稗官，类皆浅陋荒唐之作，吾亦追随其后，以相效颦，真无赖之尤哉。

1914年9月15日

既而续撰昨之小说，信口开河，唯意所之。村头巷角，有手击小竹自为节拍而口唱歌词以娱人者，其词皆临时杂凑，初无丘壑，余之小说乃仿佛类之，亦可笑也。

1905年4月初，叶圣陶的好友郭绍虞在上海尚公学校教书，他即将去商务印书馆做编辑，就在离开之时向尚公学校的校长提议，请叶

上海尚公学校

圣陶来学校接手他的教育工作。

尚公学校是商务印书馆在1905年创办的一所实验小学，商务印书馆创办于1897年，是中国历史最悠久的出版机构，创下了行内的诸多"第一"，是当时极具影响力的文化宝地。商务印书馆不只是一个出版机构，更是一个实现教育理想的地方。

翰林出身、学贯中西的张元济是清末时期的核心维新派人士，戊戌变法时，他的工作就是办新教育，百日维新失败后，就把教育救国的理想带到了上海。他放弃了在南洋公学的显赫地位，加入由排字工人夏瑞芳创办的一个手工作坊式的商务印书馆。此后，张元济以"扶助教育为己任"，走上了通过文化出版事业启迪民智的救国兴国之路。

中国旧有的启蒙教材《三字经》《百家姓》《千字文》等书早已不合时宜，外国教科书更无法照搬使用。在张元济的主持下，1904年12月，商务印书馆出版了我国第一套初等小学教科书《最新国文教科书》第一册。

张元济晚年写下了"昌明教育平生愿，故向书林努力来。此是良田好耕植，有秋收获仗群才"。尚公学校便是他"昌明教育"的理想实验地。

尚公学校位于商务印书馆的印刷厂东南角上，是一所新式学堂，教师大多是科班出身，有的还留过学。学校试用商务印书馆出版的各种教学用品，最主要的教学用品是教科书。商务印书馆出版的书籍挂图，制造的标本仪器，都会配给尚公学校一份。王云五的四角号码检字法，在正式使用之前就在尚公学校试验过。同时，学校实验从国外传进来的先进的教育经验和教学方法，比如远足参观旅行、恳亲会和成绩展览，学校也让学生自己管理图书馆、商店还有银行，还出版了一种不定期刊物《尚公记》，为教职员提供交流经验和心得的平台，叶圣陶在《尚公记》上发表过《国文教授之商榷》一文。

1915年，尚公学校因高质量教学在上海早已小有名气，叶圣陶能到尚公学校教书，万分欣喜。结果郭绍虞的哥哥把尚公学校的开学时间说成了3月17日，叶圣陶得知后第二天就赶紧去跟亲朋好友道别，匆忙收拾行囊，准备启程。最后，叶圣陶得到了准确的开学时间为4月8日，他提前两天于4月6日到了学校。

尚公学校的"尚公"意为"崇尚公众"。有初小四个年级、高小三个年级，学生多达230人，多是商务印书馆职工和工商人士子弟。

刚到学校时，叶圣陶还不太适应，三人同住在狭小的宿舍，让他感到憋闷。但几天之后，叶圣陶就跟二十郎当岁的青年室友相处得亲如家人了，三个文艺青年常常一起聚餐喝酒，畅聊文学。叶圣陶有位叔叔就在上海，他隔三差五就去找叔叔喝茶。

尚公学校的课程非常丰富，除了国文、数学、修身这些常见的课程之外，还有很多实践活动，比如园艺、裁缝。有时学生自行组织创办商店、联合会和学生会。尚公学校多元的教学课程，活跃的教学氛围，优质的办学条件，启发了叶圣陶对教育的诸多思考。

学校的办学是在教育和实践的互动中不断推进的，尚公学校成立于晚清时期，建校初期还奉行一些文化旧习，辛亥革命之后，它的教育思想和教学内容有了很大变化，学校一直在学习欧美、日本等国家的教育理念，并在摸索中不断改进教学。

学校的实验教学对叶圣陶的影响很大，学校的教学方式已从"教授"转变为"教学"，让学生从被动接受知识转变为主动学习知识，把孩子从接收知识的"客体"转换成主动求知的"主体"。

商务印书馆的新教科书都要体现出循序渐进的性质，针对不同年龄段的学生有不同程度的设计。比如编撰小孩子的书，一定要由简入繁，甚至书中每一个字的笔画都有规定，最低年龄孩子的教科书，书中文字的笔画一定要最简单，在五课之前是几划，十课之前是几划，均形成了一个编写规则，而这些规则和编撰方法让叶圣陶深受启发。

叶圣陶曾提笔写下一个让他印象深刻的场景："夹着书本的书生，和穿着短衣的工人交织地走过。这便是在上海这个国际大都市里工业和教育昌盛的景象。"

尚公学校有自己的操场，学生的体育课也十分丰富，极大保证了学生的户外运动量。后来为了应对下雨，学校就搭建了一个棚子，打造出一个风雨操场。此后，即便是下雨天，学生也能照常上体育课，风雨无阻地进行锻炼。

商务印书馆里有工厂、花园，这些地方天然地成了学生们实践和劳动的场所。老师们有时候会带学生去花园里种菜，观察菜的生长过程。他们还对学生进行分组教育，根据学生的学习程度来动态调整学习计划。叶圣陶有时还会组织高年级同学到电灯厂、美华利钟表制造厂学习电业、钟表制造业知识，或者去商务印书馆的印刷所学习木板雕刻、铸字、制版、印刷等知识。

　　学校不只教授学生知识，还会全方位提升学生的素质，让学生对家庭、社会、整个中国以及国际形势形成一定认知。在政权极速变化的时局下，学校的学制每隔两三年就会发生一些变化，随着教育界新思想、新主张的涌现，学校也在不断进行着新实验和新改革。

尚公学校附属幼儿园的户外课堂

　　商务印书馆的教材质量非常好，聘请的图书美编可谓是名家云集，比如动画大师万籁鸣就为书馆的教材绘过图，教材里这些精美的插图如同优秀的美术作品，对学生而言也是一种潜移默化的美学教育。商务印书馆还出版过音乐教材，教材里的音乐内容非常多样化，除了传统的乐理知识，还融入了儿歌、童话等内容，萧友梅、黄自这些音乐大家也参与编辑了不少音乐教材。

　　叶圣陶也参与了商务印书馆的教材编撰工作，他受商务印书馆编辑部邀请，协助编纂了《国文教科书》和《国文教授书》。

　　1915年9月15日，陈独秀在上海创办了《新青年》杂志，叶圣陶深受《新青年》的感召和影响，并在11月25日的日记中怀着激动的心情写道："夜览《青年杂志》，其文字类能激起青年的自励心。我亦青年，乃同衰朽。我生之目的为何事，精神之安慰为何物，胥梦焉莫能自明。康德曰：'含生秉性之人，皆有一己所蕲向。'我诵此言，感慨系之矣。"

　　读了《新青年》之后，叶圣陶反思自己虽同为青年，却精神衰朽，由此更激发了他的进取之心，他决心振奋精神，做一个有理想、有信仰、有追求的新青年。

叶圣陶想创作新文学作品，也想改革学校教育，然而随着时间的推移，他的心中所愿一直难以实现。来到尚公学校一年，学校虽然进行了许多教育改革的实验和实践，但叶圣陶自己革新的理念一直得不到实施。与其他高学历的教师相比，叶圣陶似乎没有太多教学上的话语权。同时，他也没有丰富的阅历和深刻的经历去创作优秀的文学作品，他常常为此感到苦恼和失落。

1916年8月12日，叶圣陶携手胡墨林走进了婚姻的殿堂，两人结婚以前并没有会过面，也不曾通过信。这段奇妙的姻缘还要从1912年说起。当时的叶圣陶即将去言子庙小学教书，他去参加中学同学王彦龙的婚礼时，所作的祝贺诗得到了胡墨林的二姑母胡铮子的赏识。

胡铮子出面为侄女议婚，提出不用任何彩礼，问到叶圣陶时，他便回应愿听从父母的安排，由此，双方换了庚帖。胡墨林在大同毕业后，就跟随二姑母去北京念女子师范了。

叶圣陶和胡墨林的婚事完全遵循了旧式的"父母之命、媒妁之言"，叶圣陶将这种结合称为"打彩票式的结婚"，最后竟无意间中了个头彩！两人结婚以后情投意合，婚后14年，叶圣陶仍然幸福地回忆道："对方怎样的好是彼此说不出的，只觉得很合适，更合适的情形不能想象，如是而已。"

婚姻如此幸运的叶圣陶在事业上却屡屡失意，无论是言子庙小学，还是尚公学校，都不是叶圣陶施展教育理想的舞台。1917年春，一封来自苏州甪直的信，让叶圣陶看到了机会和希望。

第五章 教育理想国——甪直五高

用直位于苏州和昆山之间，是一个拥有2500年历史的江南水乡古镇，它南连澄湖、万千湖，西邻独墅湖、金鸡湖，北靠阳澄湖，有着"五湖之厅"的美誉，这座"人家尽枕河，水港小桥多"的小镇，成为不少文人墨客笔下的世外桃源。

1912年，吴宾若、王伯祥和叶圣陶三人一起毕业于草桥中学。吴县第五高等小学（简称"五高"）在筹建时，吴宾若受邀去担任五高的校长，他随后拉上了王伯祥同去学校担任教员，两人在《尚公记》上看到过叶圣陶所写的《国文教授之商榷》，便想着拉上这个老同学入伙。于是，两人给叶圣陶写信，向他讲述了许多改革小学教育的设想，诚邀他来五高任教，他们在信中颇有信心地说道："往时意气相投，你来到五高共事教育，必所乐愿。"

当时在五高进行课堂教学的8位老师中，有5位都是叶圣陶在草桥中学的同学，这些志同道合之人也成了吴宾若信中说的"必所乐愿"的底气。

乡绅沈柏寒从国外教育系学成回国之后，立志兴办教育，沈家乐善好施，常做一些公益事业。1906年，沈柏寒在甫里书苑的区域创办了甫里小学，学校包含初小和高小，初小设在保圣寺的东侧和西侧，高小设在保圣寺的西侧。1914年，甫里小学的高小部分被县里收管，成为吴县第五高等小学。沈柏寒离开用直后，就推荐了吴宾若来担任校长。

吴县第五高等小学全体教师合影，二排左二为叶圣陶

    叶圣陶接受了好友的邀请，他于1917年春季开学前，和吴宾若、王伯祥一起从苏州乘船经吴淞江前往甪直。甪直在苏州东南三十六里的地方，走水路遇上顶风，得花六个小时。叶圣陶把赶赴甪直时沿途看到的景象写进了他的长篇小说《倪焕之》的开头两小节：

    吴淞江上，天色完全黑了。浓云重叠，两岸田亩及疏落的村屋都消融在黑暗里。近岸随处有高高挺立的银杏树，西南风一阵阵卷过来涌过来，把落尽了叶子的杈桠的树枝吹动，望去像深黑的鬼影，披散着蓬乱的头发。

    江面只有一条低篷的船，向南行驶。正是逆风，船唇响着汨汨的水声。后艄两支橹，年轻的农家夫妇两个摇右边的一支，四十左右的一个驼背摇左边的。天气很冷，他们摇橹的手都有棉手笼裹着。大家侧转些头，眼光从篷顶直望黑暗的前程；手里的橹不像风平浪静时那样轻松，每一回扳动都得用一个肩头往前一搢，一条腿往下一顿，借以助势；急风吹来，紧紧裹着头面，又从衣领往里钻，周遍地贴着前胸后背。他们一声不响，鼻管里粗暴地透着气。

叶圣陶三人穿过重重暮色，驶向甪直五高，眼前的晦暗或如他过往的茫然愁绪，被甩在了身后。最终，灯火点缀下的甪直五高出现在他面前，所有的疲惫都化作了一股动力，他要让知识的光芒照进无数学生的心里。

叶圣陶在甪直五高担任国文教员，从此开始了他人生中极为重要的甪直五年。甪直五高为叶圣陶的教育改革实践提供了一个平台，他对教育事业的热情终于在这里有了回响。他后来甚至说："我的教学生涯，实际上是从甪直开的头。"

甪直五高分为男子部和女子部，两部各有一楼，互不相连，楼里有上下二室。庭院的南边，有一个玻璃门窗的房子，这便是吴宾若、王伯祥、叶圣陶等五位外地教师的集体宿舍。他们的床紧贴着南面的墙壁，由西向东一字排开，五张书桌靠着玻璃窗，与五张床对应排列。叶圣陶和其他四个志同道合的同事就这样三餐一宿，形影不离，共同创造着甪直五高的一番教育新天地。

当时学生所用的教材是书坊编辑的教科书，大多是不懂教育的人编写而成的，书中随意杂凑了内容，敷衍了事，对学生的学习是极为不利的。叶圣陶等人便首先开始改革学生的教材，王伯祥在改编历史和地理教材的时候，写过一篇文章，提出编教材的人如果不是老师，就不会知道学生需要什么。叶圣陶自编教材时，将"顺自然之趋势"

叶圣陶回忆在甪直五高任教时的手迹

作为教材编写的宗旨，既要体现时代精神，又要适应学生，让教科书成为"学生认识人生真价的工具"。

叶圣陶对教材编写做出了全新的尝试，他大力提倡白话文，主张"小学国文教材宜纯用语体"。他把国外的一些名著改编进教材里，也把当时新文化运动下刚刚兴起的优秀作品拿来改编，同时自己还进行创作。他所编写的教材重在培养学生的"推理力"和"观察力"，提升学生的思想。

他在甪直自编的第一部国文教材里，翻译了莫泊桑的《两个朋友》《项链》，都德的《最后一课》和《柏林之围》，易卜生的《娜拉》等名篇。他还改编了一些名作，比如根据《史记·刺客列传》改写出了《荆轲刺秦王》，根据袁宏道的《虎丘记》改写出了《苏州虎丘》。这部国文教材还收录了鲁迅的《孔乙己》《故乡》，胡适的《一颗星儿》，周作人的《小河》，沈尹默的《三弦》等一大批新文学作品。

叶圣陶后来在《教育杂志》上发表了《小学国文教授的诸问题》一文，他在文中提到了要选择合适的教材教导学生："教材或由搜集，或由创作，俱当相度机会，待儿童需要而后与。所以要说定搜集或创作的范围，是不可能的事。准此理论，可知现成教科书决非完全切用之本。切用的教材应非整本。今年的二年生与明年的二年生，未必讲同样的教材，如其他们的境遇不同，生活互异。"

他还在文中指出了教师在教学上的两个病根："（一）不会了解儿童，不以儿童本位一义为教授的出发点；（二）不明白国文教授之真作用，徒视为形式的教科。"

叶圣陶跟志趣相投的同事们一起改革了教材和教学方法，他认为有了适用的教材也是不够的，新的教育不能只靠书本，还应当有直观教授的方式让教学与社会活动和实践活动结合起来，他在《小学国文教授的诸问题》中提出："所以学校里宜有会场、农园、工室、博物室、图书室等等设备；而教师也是儿童境遇里一要件，切不可远远隔离，授课时才相见。"

叶圣陶在言子庙小学和尚公学校因种种牵制而不能施展的教育理念，如今在用直五高可以自由施展了。他带着学生去生生农场劳动实践，组织学生演出课本剧，还定期召开恳亲会。

"生生"即是先生和学生的意思，叶圣陶带领师生们在农场里开展实践活动，让教师和学生们一起动手劳动，体验劳动，享受耕耘之后的成果。他们在农场里种出了瓜果蔬菜，还常常组织展览给家长和乡邻看，把一个农场变成了生动有趣的"生生课堂"。

叶圣陶把一些课堂教学进行了彻底的改革，首创了课本剧。他在学校搭起了戏台，指导学生们编演《最后一课》《荆轲刺秦》《完璧归赵》等话剧，创新了学生接受知识的形式，也开发出了学生们的戏剧艺术潜力。

学校会在学期中和学期末开"恳亲会"，相当于今天的家校会，学校把学生们的文章、试卷、字画、雕刻作品,以及种植的瓜果菜蔬陈列出来,邀请学生家长和社会名流前来参观,同时,家长还可以看到学生们的汇报演出。叶圣陶曾在文章里回忆道,当时的恳亲会比农村里面的草台戏还要热闹。

叶圣陶还捐出了一笔钱款在"五高"的四面厅创办了博览室和利群书店,以此引导学生们阅读新文学作品,"发展思想,涵育情感"。他把自己购买的中外名著、南社诗人的诗集,以及《新青年》《小说月报》,上海《民国日报》《时事新报》,北京《晨报》等报纸杂志陈列在博览室。还在博览室的四壁开辟了诗文专栏、英文通讯专栏、书画专栏,指导学生们练笔、写生。

叶圣陶爱好篆刻,在他的建议下,"五高"建立了音乐室兼篆刻室,并开设了篆刻的课程,叶圣陶亲自教学生刻图章印记,教他们刻诗文和花鸟,互赠共娱。学生们在刻下"温不增华,寒不减叶"等诗文时,也会对这些富含哲理的文词有更深的认识,他们在亲手完成一件艺术作品的同时,也能获得思想上的启迪。

叶圣陶为学生们营造出了轻松且活跃的学习气氛,师生之间互敬互爱,关系融洽,还引导学生们融入学术、体育、游艺、社交等方面的团体生活。他充分调动起学生的积极性和主动性,全力培养学生的自主学习能力,达到没有老师的时候,学生仍有自学的能力和习惯。

1918年4月24日,在苏州城的一家私营产科医院里,叶圣陶的妻子胡墨林被推进了产房,因孩子头大,胡墨林差点难产。最终,拼尽全力的胡墨林成功把孩子带来了这个世界,精疲力竭的她幸福地沉睡过去。等她迷迷糊糊睁开眼时,护士已经把孩子的小脸贴在她脸庞上。叶圣陶升级成为一名父亲,他为孩子取名至善。因孩子长得像母亲,叶圣陶还为他取了小名叫"小墨"。小墨满了周岁后,胡墨林还

叶圣陶的夫人和儿子参加恩亲会

抱着他去用直五高观看了学校的恩亲会。

就在小墨满周岁后的第十天,五四运动爆发了!1919年5月4日,中国在第一次世界大战结束后出席巴黎和会,却没能从战败国德国手里拿回领土主权,德国把这份主权反手转交给了日本,中国最终以战胜国的身份得到了战败国的待遇。由此,北平爆发了以青年学生为主的示威游行,"收回山东权利""惩办卖国贼""抵制日货"的呼声迅速从北平传遍了全国。

5月5日,叶圣陶从报纸上看到北京学界公讨卖国贼,并要求"取消二十一条""还我青岛""保我主权"的报道,他怒气难消,彻夜未眠。第二天,他和王伯祥等人一起在五高的操场上召开"五四"宣讲会,唤醒国民意识。叶圣陶在会上作了题为《独立与互助》的演讲,从根本上剖析此次学生运动爆发的原因。在叶圣陶等人的号召下,用直五高和几所初小联合起来声援五四运动。

就在这个月,叶圣陶与一群志同道合的人先后发起成立了苏州学界联合会成立和苏州教职员联合会。苏州教职员联合会发布了宣言："外交失败,噩耗传来,北京大学学生以国之不存学将焉用首先叫号,矢以七大微躯与国存亡,义声所播,四方景从。……同人僻处吴下,忝为人师,坐视青年学生虚掷黄金岁月,而不禁为之悒悒以悲也。同人爰于五月三十一日成立斯会,其唯一之主旨在组成健全机关后,援助学生,以挽教育一线之生机。嗟乎,谁无肖子贤女,今日捍卫国家,亦既竭其力矣!有教育之责者坐令子女牺牲而漠然无动于衷,忍乎否乎?为此宣言,深望全国教育界蔚然兴起,实国家前途之万幸焉。同人不禁伫足以望,翘首以待。"

叶圣陶把革命思想带到了学校,也把五四运动的思想带到了甪直这座偏僻的水乡古镇,他带领学生和身边的人们时刻关心着国家命运,关注着整个民族的存亡之道。

叶圣陶来到甪直后,一直与正在北大读书的顾颉刚、俞平伯等人保持书信往来,对新文化运动十分向往。叶圣陶曾在信中请顾颉刚为他代拟一个自学计划,顾颉刚对好友嘱托的事颇为上心,所列的计划全面且细致,分为了经史子集,每个部分都选出了若干必读的书籍,他甚至为叶圣陶规划好了每一天要读的篇章。叶圣陶还在日记里写下了他的执行情况,刚开始还能如期完成任务,后面就因为种种客观原因,又恢复成自由阅读的状态了。

叶圣陶在1916年4月11日写成的《淞垒记》是他创作的最后一篇文言小说,1917年年底,叶圣陶开始创作第一篇白话小说《春宴琐谈》,随后,这篇小说开始在1918年2月5日和3月5日出版的《妇女杂志》第四卷第二号、第三号上连载,叶圣陶也由此开启了他的新文化探索之路。

1918年11月,北大学生傅斯年、罗家伦等人发起成立了新潮社,出版发行了"专以介绍西洋近代思潮，批评中国现代学术及社会中各种问题为职司"的《新潮》月刊。胡适曾在口述自传中评论道："《新潮》月刊表现得甚为特出，编写皆佳。互比之下，我们教授们所办的《新青年》的编排和内容，实在相形见绌。"

新潮社的社员大多是北大学生，远在用直的叶圣陶也加入了新潮社，成了社里最活跃成员之一。他在《新潮》月刊上发表过论文《对于小学作文教授之意见》、新诗《春雨》、小说《春游》等作品。1919年2月1日，叶圣陶发表了第一首新诗《春雨》，诗中描写的就是用直当地的乡村风景：

《新潮》杂志

　　霏霏的几天春雨，
　　登楼远望，烟树迷离。
　　那洋泾港畔的平田，
　　早披上绿绒衣。
　　还记去年初夏，
　　看农夫插秧在那里，
　　还记稻穗经风，
　　宛如大海碧浪无边际，
　　还记农夫割了串串黄金穗，

春成粒粒珍珠米。
—— 都像是眼前的事体。

霏霏的几天春雨，
平田又披上绿绒衣。
转眼间如箭光阴，
又到麦秋天气。
稻哩，麦哩，轮流更替，
同在一块田里。

是不绝的生机！
是无穷的地利！

叶圣陶的作品发表后引起了广泛的关注，他从此一发而不可收，写出了许多优秀的小说、新诗、童话、剧本、文艺评论和散文杂感，成为开创"新体小说创作风气"的拓荒者之一，他还在甪直设立了《新潮》杂志的代售点，将新文化的风气带到甪直。

叶圣陶和妻子胡墨林长期两地分居，他在《过去随谈》里写道："结婚以后两情颇投合，那时大家当教员，分散在两地，一来一往的信在半途中碰头，写信等信成为盘踞心窝的两件头等大事。"

校长吴宾若早已向叶圣陶说定，暑假过后就聘请他夫人胡墨林来五高女子部做老师，兼预备班的主任。1919年的这个夏天，叶圣陶就带着母亲、妻子和刚满周岁的儿子雇了一条大船，把家搬到了甪直，住在甪直镇东四下塘陈家怀仁堂的一个跑马楼里。王伯祥把他租的那所楼房分了一半给叶圣陶，叶家住在楼下，王伯祥一家人住楼上。

从此叶圣陶夫妻俩早出晚归,过上了恬静安逸的乡村生活。

胡墨林毕业于北京女子师范学校,学的家政系,因此,她擅长绣花,精于家政。那时,叶圣陶每天晚上向妻子学画画、学绣花、学做家政。他还用爷爷教他识字的方法来教儿子至善,他在老日历的下边裁出两个小方块,每次吃晚饭之前,一定写好两个方块字,教孩子认字,孩子认完字后再把字块收起来,正式开饭。

叶至善小时候常常站在甪直道水边的一块石头上,等着母亲在保圣寺教完书后从田间走路回来,或是站在河边等父亲母亲下班回来。至善喜欢缠着父母讲故事,叶圣陶每天晚上总要编一些童话故事讲给他听,这也激发了叶圣陶的童话创作灵感,为他后来的儿童文学创作积累了大量素材和充沛的创作情感。

叶圣陶每天从家里走到学校,沿路两边都是农田,常常可见农民在田里劳作。这条路,他每天都要走上四回,早上去上课,中午回来吃个饭又回去上班,放学后回家。他就这样自然地融入了甪直的生活,融入了周围的乡邻。他时常去学生家里走访,关心穷苦孩子的上学问题,与学生们建立了深厚的感情。

家庭温馨而幸福,教学工作颇有成效,叶圣陶在甪直住得舒心自在,他已经做好准备,要在甪直扎下根来。顾颉刚在《隔膜》一文中写到了叶圣陶的状态和变化:"自五年到现在,六年之间,他没有离开过甪直。八年,又把全家搬了过去,从此他做了甪直人了。他每天所到的地方,只有家庭及学校,而这两处都充满了爱的精神,把他浸润在爱的空气里。于是,他把民国四年以前的悲观都丢掉了,从不再说短气的话。社会的黑暗,他住在乡间,看见的也较少了。于是他做的小说,渐渐把描写黑暗的移到描写光明上去了。"

叶圣陶的长篇小说《倪焕之》中"高高的银杏树"就是"生生农

场"旧址上的这两棵古银杏,所写的独幕剧《恳亲会》也取材于农场的经历。短篇小说《校长》中的校长叔雅想要创办一所理想学校,他让学生组织体育会开展运动,办小报纸,开荒地种马铃薯和玉米,这些情节也都取材于"五高"当年的教育改革实践。

《倪焕之》这部长篇巨作标志着我国现代长篇小说走向成熟,茅盾给予了很高的赞誉,称这部小说为"扛鼎"之作:"'五四'以后的文坛上充满了信手拈来的'即兴小说',许多作者视小说为天才的火花的爆发时的一闪,只可于刹那间偶然得之,而无须乎修练——锐利的观察,冷静的分析,缜密的构思。他们只在抓掇片段的印象,只在空荡荡的脑子里搜求所谓'灵感';很少人是有意地要表现一种时代现象,社会生活。这种风气,似乎到现在还没改变过来。所以我更觉得像《倪焕之》那样'有意为之'的小说在今日又是很值得赞美的。"

甪直至今都保存完好的万盛米行和万盛码头被叶圣陶写进了《多收了三五斗》这篇文章里,《多收了三五斗》讲述了 20 世纪 30 年代的旧中国时期,农民在丰收之后满心欢喜地去粜米,结果却得到了米价大跌的坏消息,他们为了生活不得不忍痛贱卖,反映出旧中国农民的艰辛和社会的阶级矛盾。

> 万盛米行的河埠头,横七竖八停泊着乡村里出来的敞口船。船里装载的是新米,把船身压得很低,齐船舷的菜叶和垃圾给白腻的泡沫包围着,一漾一漾地,填没了这船和那船之间的空隙。
> 河埠上去是仅容两三个人并排走的街道。万盛米行就在街道的那一边。朝晨的太阳光从破了的明瓦天棚斜射下来,

光柱子落在柜台外面晃动着的几顶旧毡帽上。

　　那些戴旧毡帽的大清早摇船出来，到了埠头，气也不透一口，便来到柜台前面占卜他们的命运。

节选自《多收了三五斗》的《粜米》被选入人教1988年版小学语文第12册课本里，而《多收了三五斗》也两次入选了中学语文教材，陪伴了无数学生的成长。

用直镇保圣寺边曾经住着一位叫阿虎的小孩。阿虎因家境贫寒无法上学，父亲在外替人操办红白喜事，眼盲的母亲在家搓草绳，阿虎在"黑暗的墙角"里长大，被人嘲笑为"低能儿"。叶圣陶知道后非常痛心，自己掏钱供阿虎上学。

叶圣陶以阿虎为原型在1920年12月20日写下了原名《低能儿》的小说，发表在《小说月报》上，小说后来改名为《阿菊》，生动细致地刻画出阿菊第一天上学时的内心世界：

　　阿菊今年是八岁了。除了一间屋子和门前的一段街道，他没有境遇；除了行人的歌声，小贩的叫卖声，母亲的咳嗽声，和自己的学语声，啼哭声，他没有听闻；除了母亲，他没有伴侣——父亲只伴他睡眠；他只有个很狭窄的世界。今天他才从这很窄狭的世界投入别一个宽阔的世界里。

　　一位女教师抚着他的肩，慈爱地轻婉地问道，"你知道你自己的名字么？"他从没经过被询问，这是骤然闯进他生命里的不速之客，竟使他全然无法应付。他红丝网满的眼睛瞪住了，本来滑润的泪泉里不绝地涌出眼泪来。那位女教师也不再问，但携着他的手走到运动场里。他的小手感觉着温的柔的爱的接触，是他从没尝过的，引起了他的怅惘，恐怖，疑虑，使他的脚步格外地迟缓，似乎他在那里猜想道，"人和人的爱情这么浓郁么？"

丰富而充实的生活给了叶圣陶很多创作灵感，他融入底层生活，了解到真实的中国社会，接触了形形色色的人，深刻领悟到人性的善与恶，人情的冷与暖。

1921年1月4日，叶圣陶、郑振铎、周作人、沈雁冰、王统照、孙伏园、蒋百里等12人发起成立了文学研究会，成为中国新文学史上的一件大事，标志着新文学运动已从一般的新文化运动中分离出来，成为一支独立的队伍。

叶圣陶在1921年发表了四十则《文艺谈》，作品系统阐述了他的现实主义文艺观，是我国现代文艺理论史上最早出现的理论专著，为孕育新文学理论奠定了基础。

叶圣陶始终坚持教育工作者要让学生"受教育"，而不是"受教材"，"教"是为了达到不需要"教"的目的。教育就是帮助学生得到做人做事的经验，养成好习惯。"各种功课有个总目标，那就是'教育'——造成健全的公民。"叶圣陶的教育理想在学校里得以实践，也充分渗透进了他的文学作品里。1921年9月，叶圣陶从创作《饭》开始，到《游泳》《校长》《潘先生在难中》《前途》《城中》《搭班子》《一包东西》《抗争》《李太太的头发》，还有后来的《倪焕之》，他用文字生动刻画出了十几个教员的形象，让文学更加贴近现实，呈现出真实生活的本色。

1921年11月15日，叶圣陶创作出了第一篇童话故事《小白船》，刊登在《儿童世界》第一卷第9期上。随后，他在16日、17日写了《傻子》和《燕子》，在20日写了《一粒种子》，不到一个星期的时

《稻草人》

间，他写完了四篇童话。到第二年六月，他一共完成了 23 篇童话。这些佳作最终合集为他的第一部童话集《稻草人》。鲁迅评价《稻草人》为"给中国童话开了一条自己创作的路"。

胡风在《关于儿童文学》一文中评价道："五四运动以后不久出现的《稻草人》，不但在叶氏个人，对于当时整个新文学运动也应该是一部有意义的作品。当时从私塾的《三字经》和小学的《论说文苑》等被解放出来的一部分儿童，能够看到叶氏用生动的想象和细腻的描写来解释自然现象甚至劳动生活的作品，不能不说是幸福。"

叶圣陶在《稻草人》的开篇中写着："田野里白天的风景和情形，有诗人把它写成美妙的诗，有画家把它画成生动的画。到了夜间，诗人喝了酒，有些醉了；画家呢，正在抱着精致的乐器低低地唱：都没有工夫到田野里来。那么，还有谁把田野里夜间的风景和情形告诉人们呢？有，还有，就是稻草人。"

叶圣陶从小就没有熬夜的习惯，他在创作时最多写到晚上九点，十点就须放笔。他在专心写作时，家人不会在他身边讲话，以免打搅他的思路。他下笔一向慢，写下一节，往往要重复朗读三四遍，有时多到十几遍，其实也不过是增减几个字或者一两句而已。写得最快时，一天可以写到三四千字，但一般都在千字左右。

叶圣陶的文章有一种不雕琢、不做作的朴素美，他的作品很少用华丽的辞藻，也少有冗长拗口、让人摸不着头脑的句子，他的遣词造句简单利落、准确精炼，极富表现力和感染力。

1919年秋季，五高刚刚开学，就发生了一件不幸的事。吴宾若在昆山下火车时，车尚未停稳，他一时失足，陷入了月台与车身之间，导致下身被轧，伤势极重，他被送去苏州的福音医院抢救，但因失血过多，没能救回。叶圣陶听闻噩耗，哀痛不已，他在吴宾若的追悼会上难抑悲恸之情，竟垂头哭了起来。

吴宾若去世后，甪直五高的人想尽各种办法争夺校长职位。王伯祥选择离开甪直五高，去大学教书。他在接到集美的聘书时，诚心诚意地去找校长沈柏寒商量。沈校长并没有说一些虚留的话，倒说早已料到，庙小留不住真神，还附带上一句"圣陶早晚也得走"。

此时的叶圣陶在甪直的教育改革取得了成功，文学创作也取得丰收。但他也开始对甪直心生去意。水乡的浅酌低吟，无法承载青年叶圣陶要去改造世界的热情，他再次把眼光投向了吴淞江的下游。

第六章 中学与大学的教育探路

1921年7月，叶圣陶收到上海吴淞中国公学代理校长张东荪和中学部主任舒新城的邀请，到中国公学中学部教国文。叶圣陶询问起妻子胡墨林："这中国公学在吴淞口，可以听海潮。你说我应不应呢？"

胡墨林笑着说："看着听海潮的面子，你就复信应聘吧！"

日本明治维新变法成功后，政府为求快速学习强国经验，派遣了大批留学生赴日本留学，到1905年时，中国的赴日留学生已累积万余人，生源复杂，水平良莠不齐。这年11月，日本文部省颁布了《关于准许清国人入学之公私立学校之规程》，俗称《清国留学生取缔规则》。这项"取缔规则"严格限制中国学生留学日本，致使3000多名留学生退学回国。留学生姚宏业、孙镜清、秋瑾等人经过多方奔走，募捐钱款，最后在上海北四川路租下一处民房，作为校舍，组织起滞留在上海的学生，创办起了中国公学。1906年，中国公学在上海正式开学，成为近代中国最早的私立大学之一。

中国公学不需要高中文凭就可以直接报考，分为大学班、中学班、师范速成班、理化专修班，对生源的录取较为宽泛。学校新开的选修课目很多，可谓兼容并包。民国成立后，孙中山和黄兴亲自为中国公学筹集经费。梁启超在1915年担任中国公学董事长，后来学校经历了停校，在1919年恢复了中学部。

1921年，叶圣陶来到了中国公学中学部执教。他对这所学校也并不陌生，他还在尚公学校执教时就曾于1915年来过中国公学。从吴淞到上海，乘淞沪线只需一个钟头，来去十分方便。中国公学同时聘请的教师还有朱自清、刘延陵、吴有训、常乃德、刘建阳、陈兼善、许敦谷，他们被统称为"八位新教员"。

中国公学也成了叶圣陶和朱自清友情开始的地方。这年秋天，朱自清刚到中国公学教书，好友刘延陵就告诉他："叶圣陶也在这儿。"

他们都看过圣陶的小说，朱自清对叶圣陶充满了好奇，他还问刘延陵："怎样一个人？"

"一位老先生哩。"刘延陵回答。

而当朱自清和刘延陵去拜访叶圣陶时，朱自清却觉得这位先生并不老，可他见了生人就说不出话来，叶圣陶也保持着一贯的沉默风格，他们只是交谈了一些关于作品的意见想法，就很快辞别了。

叶圣陶在10月22日写给周作人的信中提到了入职中国公学的心情："今秋钧入中国公学，海滨景色，很足愉悦。江口的涛声，傍晚鲜明难描的云彩，成为每日相亲的伴侣。不过教中学生远不如小学生之亲密可爱耳。"

叶圣陶写这封信之前，刚刚经历完一场风波，他在信中提到中学生"不可爱"，也是刚刚亲身领教过的。叶圣陶第一次到中国公学时，曾评价这所学校"除去岳麓书院的高师而外，我曾服务过的学校都不能及"。但如今，学校已经腐败不堪，今非昔比了。秋季开学不久，散漫怠惰的学生就在学校里掀起了一阵风潮。

"五四运动"后，中国公学在新旧交替的社会时局下出现了新派和旧派的斗争，他们都在争取学生的支持，叶圣陶等新派代表对旧的制度和旧的教学进行了抨击，受到了旧派的猛烈对抗。叶圣陶在"八位新教员"中名望最高，他首先成了旧派教员的重点攻击目标。

在上海任教期间，叶圣陶（右一站立）与沈雁冰（右二坐着）、郑振铎（左二）、沈泽民（左一）的合影

舒新城在《中国公学风潮问题》一文中记录下了一场闹剧："叶圣陶先生第一次在甲组（新生）授国文，教材为胡适之先生所译之《最后一课》短篇小说，高年级某生见之，误为叶先生所作，将其中京语如'怎么一回事'俱改为'这门样一件事'；并于其后批一长批略谓无文言白话，文字不加检点，以之教人，贻误青年，末并谓以中国人而不通中国文，至可笑也，亦可怜也云云。我当时查知其人，召之私室，告以此文系何人所作，彼始不认，后竟谓胡适之不通……"

这场风波让叶圣陶大受震动，他从小就会喝酒，颇为"海量"，眼下，他为了扭转不利局面，决定戒酒。此外，叶圣陶在《新青年》杂志和《新潮杂志》上发表过的不少关于教育改革的文章，也成为旧派攻击的目标。

叶圣陶寄希望于改革教学制度来整治乱象，他们开设自选科、淘汰不合格教员，实施了一系列改革措施，结果均遭到学生和旧派教师的强烈反抗。

旧派势力为了保住饭碗，极力煽动学生闹事，不久之后，中国公学中学部和商科的三百多名学生一起罢课，驱赶代理校长张东荪和中国公学中学部的主任舒新城，以及叶圣陶等"八位新教员"。

1921年10月25日，胡适专程从北京赶来中国公学，调解校内矛盾，他在日记中表明了态度和立场："上海中国公学此次风潮，赶去张东荪，内容甚复杂；而旧人把持学校，攻击新人，自是一个重要原因。这班旧人乃想抬出北京的旧同学，拉我出来做招牌，岂非大笑话。""他们攻击的新教员，如叶圣陶，如朱自清，都是很好的人。这种学校，这种学生，不如解散了为妙！"

就在胡适过来调解风潮的这一天，邵力子在上海《民国日报》发表了题为《中国公学风潮平议》的时评，他在文中指出："我看见八位教员通告请假，并为东荪君辩护，不免深叹理性能力为感情所蔽。照那八位教员所说，东荪君处置这次风潮，完全没有错误，甚至带领警察二十人去开除学生，勒令两小时内一律出校，也是很有理由。……八教员又说：'吴淞离上海稍远，旧日办事人之古气又重，故中学部学生不识时代之潮流者甚多，国文教子书、八家文……'但我望八教员想一想'君子爱人以德'的古训，对于东荪君那样暴厉恣睢的口吻，卤莽灭裂的手段，下个公平的判断。"

在旧势力的高压围堵下，一些支持改革的教员竟然开始妥协，叶圣陶愤然提出辞职。朱自清后来在《我所见的叶圣陶》一文里写下了叶圣陶当时的反常态度："我看出圣陶始终是个寡言的人。大家聚谈的时候，他总是坐在那里听着。他却并不是喜欢孤独，他似乎老是那么有味地听着。他又是个极和易的人，轻易看不见他的怒色。他的和易出于天性，并非阅历世故，矫揉造作而成。他对于世间的妥协精神是极厌恨的。在这一月中，我看见他发过一次怒；—— 始终我只看见他发过这一次怒 —— 那便是对于风潮妥协论者的蔑视。"

10月21日，中国公学的八位新教员由叶圣陶领衔，在《时事新报》上发表了一则澄清事实的声明，并在声明中提出解散辞职。朱自清是从杭州浙江第一师范来的，如今便回到杭州第一师范教书。叶圣陶离开了中国公学，回到了甪直。

妻子胡墨林跟叶圣陶商量，四年前的秋乏又犯了，她打算教完了这个学期，就辞职，明年想迁回苏州。此时，朱自清的信突然送到了叶圣陶家里，信上提到杭州第一师范还缺一位国文教师，想请叶圣陶过去帮上两个月的忙。

胡墨林问叶圣陶："你倒是去不去呢？"

"去。西湖我还没有游畅。记得第一回是辛亥年春天，学校组织的，说是五天，截头去尾才三天。"叶圣陶连信都没有回，第二天就直接搭快船去苏州赶火车了。

杭州第一师范的教师宿舍是一人一间，教师备课、写作、接待来访和睡觉都在同一个地方。为了在这两个月里，可以聊个畅快，叶圣陶和朱自清并了家，把两张床搬到了一个房间里，另一间作为工作室，由此开始了"联床共灯"、朝夕相伴的一段时光。两人一起谈得最多的还是教育。

叶圣陶和朱自清重视教材和教法的改革，帮助学生组织了各种学习小组和文艺团体，安排了丰富多彩的课外活动。1921年下半年，学生成立"晨光文学社"，还邀请了叶圣陶、朱自清两位国文老师担任顾问。

郑振铎在商务印书馆创办了《儿童世界》周刊，向叶圣陶约稿，叶圣陶也由此开始写童话作品了。对方常常催稿，但叶圣陶出手很快，常常一天就是一篇，让朱自清颇为惊讶。叶圣陶以前在学校里常被一群小学生缠着讲故事，回了家还要给儿子讲故事，锻炼出了很强的口头创作能力，这么多年来，他已攒下了不少存货。

杭州的 11 月已是寒冷的冬季，两人游西湖的兴致却是丝毫不减。朱自清更在《赠圣陶》中抒发了与叶圣陶一起"击桨联床共曦月"的畅快：

平生游旧各短长，君谦而光狷者行。
我始识君歇浦旁，美君卓尔盛文章。
讷讷向人锋敛铓，亲炙乃窥中所藏。
小无町畦大知方，不茹柔亦不吐刚。
西湖风冷庸何伤，水色山光足彷徉。
归来一室对短床，上下古今与翱翔。

除夕之夜，两人起了兴致，聊个没完，电灯熄了，就点起白蜡烛，离开憩坐室去卧室，在床上躺下后接着聊，两张床的中间是一张双抽屉的桌子，桌上是两支白蜡烛。朱自清看了看钟表的时间，很快作成一首小诗：

除夜的两支摇摇的白烛光里
我眼睁睁瞅着
一九二一年轻轻地踅过去了。

叶圣陶到晚年时也忘不了这首小诗，他还把这段情景写在了《记佩弦来沪》这篇文章里。

学校开始放寒假，叶圣陶的妻子胡墨林和母亲包上了过年的粽

1921年，叶圣陶（二排左一）和朱自清（二排右一）的合影

子，终于盼到了叶圣陶回家。叶圣陶大包小包地带回了一堆吃食：沙核桃、九制橄榄、绍兴烧饼、金华火腿。还有几本刊物，他把《诗》送给了妻子，把几本《儿童世界》给了儿子至善。

胡墨林敏锐地察觉到了一丝异常，她质问叶圣陶："铺盖呢？"

"留在上海了，过了正月十五，就要动身去北京。"叶圣陶已得到北京大学的聘请，去学校教预科的作文。

此时的胡墨林已有几月身孕，她一气之下就转身上了楼，不再理会叶圣陶。叶圣陶赶忙向妻子解释，因太久不见顾颉刚和王伯祥，两个人都在北京，恰巧北京有个学校给他寄来聘书，请他去教学，他便想借此机会去看看两个老朋友。他也和妻子说定，在她生产前一个月，一定赶回来，之后就不再出远门。

1922年2月，叶圣陶应北京大学校长蔡元培和中文系主任马裕藻的邀请，与郑振铎、俄国盲诗人爱罗先珂结伴到京，出任北大预科讲师，主讲作文。

叶圣陶在上京途中就写下了《想》和《津浦车中的晚上》两首念家的小诗。

想

不想也罢了，

想到渐渐地接近别离，

心便怅惘了。

忘了吧，不要想起吧。

越是不要想起，

越是时时想起，

作饭想起，

作活想起，

梦里也想起了。

2月23日，顾颉刚在北平的车站迎接叶圣陶，叶圣陶和顾颉刚、潘介泉、王伯祥、吴缉熙一起住进了大石作胡同的一个小四合院里，吴缉熙也是文学研究会的发起人之一，与叶圣陶是常有通信的朋友，此刻，两人才首次见了面。

与叶圣陶同来北京的世界语学者爱罗先珂原本寄居在日本，日本当局视他为社会主义宣传者，将他驱逐出境，他的祖国俄国也不允许他入境，他就于1921年底到了上海。上海世界语协会的胡愈之接待了他，胡愈之与鲁迅联系后，鲁迅就向北大校长蔡元培介绍了爱罗先珂。蔡元培不拘一格，广纳人才，诚聘爱罗先珂来北大讲世界语和俄国文学，同时，蔡元培还非常用心地安排他住在鲁迅和周作人家里。

此时的北大有陈独秀、李大钊、鲁迅、胡适、钱玄同、刘半农、刘师培、黄侃、辜鸿铭、李四光、朱家骅、马寅初等名家大师在校执教，蔡元培兼容并包、思想自由的教育理念成就了北大极其强大的名师阵容，也将北大打造成了国内一流的高等学府。

叶圣陶早在草桥中学毕业时，顾颉刚的父亲顾子虬就想出资送他来北京上大学，而叶圣陶当时家境艰难，无奈之下忍痛放弃了深造的机会。此刻的叶圣陶走进了北京大学的校园，直接站上了三尺讲台，成了这所高等学府的教师，为求知求是的大学生们讲授国文，他的心中颇为感慨，也充满了欣喜。

北京大学国文系里江浙籍教师较多，叶圣陶是新潮社的成员，也是文学研究会的发起人之一，早已认识了学校里的不少人。

叶圣陶在北大中文系的聘期是两年，但他只讲了一个月，就因家事不得不暂时请辞。妻子胡墨林即将临盆，叶圣陶只对学校说家里有要事，不得不赶回苏州处理，就把所教的国文课资料和整理好的讲义大纲以及学生作业一并交给王伯祥代理。三月底，叶圣陶就匆匆南归了。后来，马裕藻和沈兼士催促叶圣陶回北大执教，他都一一婉谢。

至此，叶圣陶从言子庙小学，到尚公学校、甪直五高，再到北大任教，他的教学贯穿了小学、中学、大学的整个教育阶段，他的教育理念在这个过程中逐步完善，教学方法也得到了全面的实践。从为学生们讲课到编写教材，再到创作众多文学作品，叶圣陶也逐渐开始从一名单纯的教师转向了更为多面的教育角色。

4月24日，胡墨林生下女儿，取名至美，此时的叶圣陶儿女双全，喜不自胜。胡墨林不能再从事教职，他们一家很快搬离了甪直。

长子叶至善在《父亲长长的一生》这本书里写道："妹妹至美不费力气跨进这个世界，她哪里知道，母亲和父亲先后为她扔掉了职业。谢六逸先生给我父亲来信,说待秋季开学,让他去上海爱国女学教国文。父亲和母亲商量,仍决定不妨去试一个学期再说;这个家,没有留在甪直的必要了,可也不能贸然搬往上海,不如先在苏州租几间房子住下,父亲每星期六回家就方便多了。商量停当,父亲去了苏州两天,回来说租定了钱保琮先生家的一排四间后屋,在大太平巷五十号,离卫前街不远。"

1977年,叶圣陶重返甪直

1922年秋,叶圣陶离开工作和生活了五年的甪直,他曾说:"我真正的教育生涯和创作生涯是从甪直开始的。"这里的人民、风物,在他的生活和创作中留下了深深的印记,他真正的教育改革是从这里开始的,他真正的文学创作是从这里开始的,他真正的家庭生活也是从这里开始的。叶圣陶一别甪直,再回来便是半个世纪之后,他故地重游时,写下了一首《重到甪直》:

五十五年复此程,淞波卅六一轮轻。

应真古塑重经眼,同学诸生尚记名。

斗鸭池看残迹在,眠牛泾忆并肩行。

"再来""再来"沸盈耳,无限殷勤送别情。

百年巨匠 叶圣陶 Ye Shengtao

第七章 从国文教师到教材编辑

1923年春，叶圣陶由朱经农介绍到上海商务印书馆国文部当编辑，开启了自己的国文教材编辑生涯。叶圣陶一家从苏州搬到了上海闸北永兴路永兴坊八十八号，与郑振铎、王伯祥、杨贤江、俞平伯做了邻居。在积累了多年教学和编辑经验后，叶圣陶对教材编辑工作已游刃有余。

叶圣陶在1915年时进入商务印书馆的附属学校尚公学校任教，如今再回商务印书馆已感觉到了其中变化，此时的商务印书馆经历了新文化运动和五四运动，在1922年时，国民政府教育部又进行了一个学制改革，从效仿日本转变为效仿欧美，所有的教科书都要跟随新学制的变化而进行快速调整。

商务印书馆的编译所在涵芬楼二楼，一大间屋子被隔扇隔成若干间，中间是过道，过道两边每间一个部。国文部里每四张书桌为一组，沈雁冰正好从《小说月报》社调回了国文部，与叶圣陶对坐办公。

此时的叶圣陶虽然创作过不少文学作品，却没有机会能像沈雁冰和郑振铎那样主编《小说月报》和《儿童世界》这些新文学，他在国文部的工作主要是编纂初中国文教科书《国语》和"学生国学丛书"。叶圣陶虽然只有中学学历，但读过很多书，古文根基深厚，商务印书馆看中的就是他深厚的国学功底和"国学"研究能力，把叶圣陶当成"学者"来使用。

商务印书馆编纂的中学国文教科书《国语》和"学生国学丛

书"，汇集了我国历朝历代的重要著作，经部有《诗》《礼》《春秋》，史部有《史》《汉》《五代》，子部有《庄》《孟》《荀》《韩》，诗歌有陶渊明、谢灵运、李白、杜甫等大家的名作，各个名家均有单行本，词则涉及隋唐五代、两宋，曲则撷取元、明大家，还精选了部分传奇故事和小说。

这年7月，郭绍虞来信邀请叶圣陶到福州协和大学讲授新文学，福州协和大学这所美国人创办的教会学校，如今在新文化的影响下也开设了新文学课程。叶圣陶原本没有打算远去福州教学，但郭绍虞言辞恳切，锲而不舍地邀请他，最终让叶圣陶动摇了。

叶圣陶一家人在半年时间里一连搬了两次家，妻子胡墨林牵一个孩子抱一个孩子，完成了两次大迁移，新家还没住定，作为一家之主的叶圣陶又要出远门了。

叶圣陶向妻子解释道："绍虞就是这样个老实人，他在报刊上看到我一会儿吴淞，一会儿杭州，一会儿北京，一会儿苏州，像个流浪汉似的，以为我又失业了。要不然，不会没商量一声，就贸贸然代我出主意做决定的。"

9月中旬，叶圣陶向商务印书馆申请了停薪留职，获得了四个月的假期，他也获得了妻子的理解，最后怀着麻乱的心情登上了由上海开往福州的轮船。

叶圣陶在福州协和大学讲新小说和新诗，讲鲁迅、周作人、郁达夫和朱自清等人的作品。他感受着教学的乐趣，但总是抑制不住对亲人的思念。

叶圣陶到了福州后，暂住在郭绍虞夫妇家中，他们对叶圣陶关怀备至，然而叶圣陶的"客绪"却是他心中散不开的阴霾，他甚至在《客语》中强烈地抒发了对亲人的思绪："除了与最爱与同居的人同居，人间的趣味在哪里？"

12月初，叶圣陶便以水土不服的理由辞去了福州协和大学的教职，回到了上海，回到了商务印书馆。此后，他便一直没有远离过胡墨林。

1927年5月，叶圣陶开始在商务印书馆主编《小说月报》，这份刊物曾在早年时拒绝过叶圣陶的投稿，如今叶圣陶却成为这个全国最大文学刊物的主编。而他的一双慧眼，发掘了许多颇有才华的创作者，也成就了一些文学巨匠。

曾坐在叶圣陶对面工作的沈雁冰虽然早在"五四"前就发表过多篇论文，但他以小说家的身份闻名于世，却是从叶圣陶在《小说月报》上编发了他的第一部小说《蚀》三部曲（《幻灭》《动摇》《追求》）开始的，叶圣陶亲手为他改定了笔名——茅盾。

茅盾的《幻灭》《动摇》《追求》经叶圣陶之手，由商务印书馆出版。叶圣陶对这三部曲给予极高赞誉："分开看时，三篇各自独立；合并起来，又脉络贯通——亦唯一并看，更能窥见大时代的姿态。"

丁玲在1927年完成了第一篇小说《梦珂》之后，就立即投寄《小说月报》。主编叶圣陶独具慧眼地发现了这位寂寂无名的作者，他将丁玲的这个作品放在了第一篇的重要位置。随后丁玲创作的第二篇《莎菲女士的日记》被刊登在1928年2月10日出版的第19卷第2期的"头版头条"，排在陈望道译文和茅盾的连载小说《动摇》之前。丁玲随后创作的第三篇《暑假中》和第四篇《阿毛姑娘》都放在了"头版头条"的位置。她四发四中，开创了《小说月报》创办以来从未有过的先例。叶圣陶向丁玲提议把四篇小说集印一册，1928年10月这本小说集便由上海开明书店初版印行。丁玲也由此迅速成长为中国第二代女作家的代表。

巴金在1927年到1928年旅居法国巴黎，完成了第一部长篇小说《灭亡》。1928年8月，他将书稿寄给了开明书店的朋友索非，托他代印几百册。叶圣陶在索非那里看到这部稿子，就拿去发表在了《小说月报》上。

巴金曾多次心怀感激地说："倘使叶圣陶不曾发现我的作品，我可能不会走上文学的道路，做不了作家；也很有可能我早已在贫困中死亡……编辑的成绩不在于发表名人的作品，而在于发现新的作家，推荐新的作品。我感激叶圣老，因为他给我指出了一条宽广的路，他始终是一位不声不响的向导。"

戴望舒在当时已有一些诗作，直到叶圣陶在《小说月报》发表了他的《雨巷》后，他获得了编者称许"他替新诗底音节开了一个新的纪元"，这位"雨巷诗人"才开始声名鹊起。

叶圣陶在主编《小说月报》期间，对生活拮据的作家给予了特殊照顾。按照当时的规定，文章登出以后再付作者稿费，但叶圣陶对冯雪峰、夏衍等一些经济困难的作家则是承诺交了稿就领稿费，有些作家甚至领了稿费，他们的稿子后来也并不见刊用。

沈从文所写的短篇小说《我的邻》发表在了1928年8月下旬的《小说月报》上，后来，《小说月报》经常向沈从文约稿。沈从文的《或人的太太》《柏子》《雨后》《诱拒》《第一次作男人的那个人》等小说和新诗《想——乡下的雪前雪后》陆续经叶圣陶发表在《小说月报》上。在叶圣陶把《小说月报》的编辑事务交还给郑振铎后，他仍然在替郑振铎向沈从文约稿。

许多人称赞叶圣陶慧眼识才，他却只是解释道："我代振铎兄编了两年，一共24期。现在经常有人说那两年的《小说月报》上出现了许多新作者，说我如何能发现人才。现在那两年的《小说月报》影印出来了，大家翻一下目录就会发现，在那24期中，新出现的作者并不少，可是人们经常提起的就只有那几位。他们的名字能在读者的心里生根，由于他们开始就认真，以后又不懈地努力，怎么能归功于我呢？我只是仔细阅读来稿，站在读者的立场上取舍而已。"

1931年初，叶圣陶再次迎来了人生的重要转折，他应开明书店老板章锡琛的邀请，担任开明书店编辑、编译所副主任，正式辞离商务印书馆。他后来在《略叙》一文中说："十九年，辞商务，改任开明书店的编辑；因为开明里老朋友多，共同作事，兴趣好些。"

章锡琛，字雪村，以前曾是叶圣陶在商务印书馆的同事。1925年1月，章雪村任商务印书馆《妇女杂志》的主编，他和编辑周建人将《妇女杂志》1月号取定为"新性道德号"，章雪村所写的《新性道德是什么》和周建人写的《性道德的科学标准》受到了封建卫道士的攻击。商务总编辑王云五认为章雪村有失体统，在这年6月将章氏降职到国文部当一般编辑。

叶圣陶和郑振铎、胡愈之等人纷纷为他鸣不平，在好友的鼓励下，章雪村在年底私下创办了《新女性》杂志以示抗议，与商务印书馆的《妇女杂志》唱起了对台戏。商务印书馆一直严格规定工作人员"不能在书馆外做与在书馆内同一样的工作"，因而对章雪村提出解职。章雪村在商务工作了14年，解约时只获得了两千元退职金。

弟弟章锡珊原在沈阳商务印书馆任会计，这时也辞职了，他带上所有的存款来到了上海。兄弟二人在友人的支持下，决定合开书店。

1926年8月1日，章雪村、章锡珊兄弟在上海宝山路宝山里60号创办的"开明书店"正式挂牌，叶圣陶不会想到这家书店的出现会成为中国现代出版史、教育史、文化史上的大事，他也不会想到自己日后会成为开明书店的灵魂人物。

叶圣陶一直在为章雪村出谋划策，他每天都要和章雪村碰面。此时，叶圣陶发起成立的文学研究会迎来了鼎盛的时期，司马长风在《中国新文学史》中说："由于文学研究会所拥有的条件这样雄厚，因此除了创造社一群作家，及与胡适接近的一些作家如沈从文、陈衡哲、丁西林、杨振声、凌叔华等之外，几乎网罗了当时全国所有的作家。潦草作一统计，单是知名的作家即近百人；因为阵容和声势太浩大了，使后起的团体无法与之竞争。"

开明书店

《文学周报》是文学研究会的正式的会刊，叶圣陶等人为了支持章雪村，答应把《文学周报》和"文学周报社丛书"交给他出版。

从1927年6月12日出版的《文学周报》第四卷第二十一号起，刊物的封面上就变更了一个重要信息——上海宝山路宝山里六十号开明书店发行。

1928年的新年，浙江上虞白马湖的一个平屋里突然热闹起来，平屋的主人夏丏尊迎来了一群上海来的客人——章雪村、周予同、钱君匋、贺昌群，还有叶圣陶。大家还没坐定，夏丏尊就把住在隔壁的胡愈之也请过来了。

屋里很快就摆上了一桌丰盛的乡村筵席：带血的白斩阉鸡、鸡杂豆腐羹、鲞冻肉、清水煮河虾、豆腐干丝冬笋丝小炒、霉千张……

夏丏尊喊了起来："下饭嘎多，下饭嘎多。"他的右手按在酒壶盖上，叫大家坐下来，开怀畅饮。

白马湖边的平屋里就这么热闹了三天，顿顿餐食都是如此丰盛。叶圣陶和章雪村等人来到白马湖，主要为了三件事，一是为即将去法国的胡愈之践行，二是规划开明书店的前景。

妇女问题丛书难有更多新意，无法长期持续，书店单靠翻译东欧的少数民族作品还有五线谱歌本这些零碎的买卖，很快就会撑不住。

大家细细商谈起来，逐渐有了一个明晰的想法。现如今，能进学校上学的学生只有一小部分人，还有更多的青年失学在外，他们有强烈的学习欲望。叶圣陶等人想让这些青年来做开明的学生，成为书店的主要读者。他们打算把开明书店当作学校来办，以出版青少年读物和新文学作品为主，把失学青年和在校中学生作为主要读者群体，让他们有自己爱读的书刊和课本。

于是，叶圣陶等人开始商讨第三件事，他们要为这些求学求知的青年专门编写一种刊物，这份刊物最后定名为《中学生》。当时的商务印书馆、中华书局、世界书局、大东书局等大出版业都是综合性的出版社，他们的出版物都是面向所有读者，开明书店成了首个以一定年龄阶段的读者为主要服务对象的出版组织。

他们最终议定邀请夏丏尊出任开明书店的总编辑，并兼《中学生》杂志社的社长。三件事办完后，叶圣陶五人一起离开了白马湖，他们过了曹娥江，雇上一条乌篷船去绍兴游览兰亭和大禹陵。叶圣陶当时虽然还在商务印书馆就职，但他早已心系开明书店，一直在与开明人同舟共济。

短短两年的时间，开明书店的经营就初见成效了，《开明活页文选》大受中学国语教员的欢迎。林语堂先生编写的《开明英文读本》

第七章 从国文教师到教材编辑

打破了商务印书馆《英文模范读本》数十年的垄断。夏丏尊先生急于推出《中学生》杂志，计划赶在第二年一月放寒假之前创刊，他希望用《中学生》宣传开明书店的出版方针，表明书店的工作态度，团结作者和读者。

叶圣陶为《中学生》创刊写了一篇童话，题为《古代英雄的石像》，他特意把这篇文章拿给即将小学毕业的儿子叶至善看，如果小学生大致能看懂，那让中学生看懂自然就没有问题了。

夏丏尊先生在创刊号的卷头言里引用了苏格拉底的名言"你须知道自己"，他还写下《受教育和受教材》《关于职业》《怎样对付教训》，通过这四篇文章提纲挈领地阐明了《中学生》的教育立场。

1930年1月，开明书店正式推出《中学生》，《中学生》七月、八月休刊，一年只出十期，订户多是住校的学生，每年一月的第一期是倍大号，好让住校生在寒假里带回家去慢慢看。六月的也是倍大号，陪伴学生们在家里过暑假。其他时期的《中学生》厚薄又恢复到原定的样子。《中学生》这本刊物就这样跟随学生一同放假，一同上学。

读者要直接向开明书店订阅，每一期出版后，由书店裹上牛皮纸卷成卷，贴上印有收件人地址姓名的字条，送到邮局去邮寄。

叶圣陶写下一篇《作自己要作的题目》鼓励中学生敢于、善于运用文字来表达自己的所思所想，还写了《"通"与"不通"》和《"好"与"不好"》，连载在《中学生》第二期、第三期上。

1930年5月，商务印书馆因《妇女杂志》主编突然辞职，临时抽调了叶圣陶去救急，然而《妇女杂志》几年来已是将末之刊，实难拯救。五年前章雪村从这个岗位上离开，创办了开明书店，如今叶圣陶也戏剧性地接任了这个职位，几个月后，他就向商务印书馆提出辞呈，迫不及待地加入了开明书店，开启了他教育人生的另一个新阶段。

第八章 一炮而红的《开明国语课本》

1931年2月1日，叶圣陶正式离开商务印书馆，结束了这段长达八年的编辑生涯。胡墨林与叶圣陶一起来到开明任职，在编辑部做些杂事，叶圣陶在日记里写道："今日即已为开明同人矣。"

叶圣陶来到开明书店后，最重要的工作就是主编《中学生》杂志，这份杂志从3月号起，就交由叶圣陶负责编辑。

1933年1月，叶圣陶和夏丏尊合作的《文心》在《中学生》新年号上开始连载，形成每章一个中心的写法和格局。陈望道在《文心·序》中高度评价了这种写法："用故事的体裁来写关于国文的全体知识。每种知识大约占了一个题目。每个题目都找出一个最便于衬托的场面来，将个人和社会的大小时事穿插进去，关联地写出来。通体都把关于国文的抽象的知识和青年日常可以遇到的具体的事情融成了一片。写得又生动，又周到，又都深入浅出。"

到了第二年，《文心》由开明书店正式出版，成为我国第一部以小说体裁叙述学习国文知识和技能的专著。书店在广告辞中说《文心》是"一群中学生三年间的生活史的缩影"，《文心》可以作为写作工具来读，作为文学入门来读，也可以作为一本小说来读。这本书成为"青年阅读和写作的宝典"，更被朱自清誉为国语辅导读物中的"一部空前的书"。

叶圣陶和夏丏尊合作的《文心》即将付梓时，叶、夏两家还共同迎来了另一件喜事，叶家的长子至善与夏家的幼女满子正式订婚，叶圣陶和夏丏尊喜上眉梢，相约把《文心》的稿酬赠与至善和满子，这也成为文坛的一段佳话。

此时的开明书店已出版了各种科目的初中课本，声誉颇好。章雪村开始有了新的盘算，他想把中学课本的工作稍做停顿，腾出精力把小学课本也拿下，打算赶在1932年的秋季出版初小的国语课本。叶圣陶编撰课本，丰子恺绘画插图，这对搭档由此开始了他们的完美配合，共同创作中国教育史上具有里程碑意义的《开明国语课本》。

青年时期的丰子恺

丰子恺师从李叔同，他的画寥寥几笔，却总能在不经意间触动人心，他的一笔一画勾勒出人间情味，蕴含着哲学与智慧，是中国现代漫画的鼻祖。

当时的社会上有着一种乱象，很多书商为了牟利，销售起各种粗制滥造的课本和辅助读物。叶圣陶和开明同人着手编纂《开明国语课本》，决心扭转这种不良风气。

叶圣陶常常思考如何才能让课本里的内容真正滋养孩子的内心，于是他把自己心里的天真放进了课文之中。

蜗牛看花

墙顶开朵小红花，墙下蜗牛去看花。

这条路程并不短，背着壳儿向上爬。

壳儿虽小好藏身，不怕风吹和雨打。

爬得累了歇一会，抬头不动好像傻。

叶圣陶和开明同人一起商量出版《开明国语课本》

爬爬歇歇三天半,才到墙顶看到花。
无数花开朵朵红,一齐笑脸欢迎它。

叶圣陶完成这首天真有趣的诗后,有人提出过疑问,开头第一句的一朵花和结尾的朵朵花前后不符,叶圣陶笑着回应:"你没看那个蜗牛爬了三天半才爬上去,那所有的花都开了。"这首《蜗牛看花》被编入《开明国语课本》第四册里。

"先生,早。"
"小朋友,早。"

课本的插图里,学生们正向先生鞠躬问好,先生也微笑着问候学生。如此简单易懂的文字,构成了《开明国语课本》第一册里《先生

《开明国语课本》的课文

早》这一课的内容,课文告诉学生上学时见到先生,应和先生互相问好,以此教育孩子要懂礼貌。

太阳

太阳,太阳,你起来得早,昨天晚上,你在什么地方睡觉。

田里的菜

我天天去看田里的菜,昨天看看,比前天大了,今天看看,又比昨天大了。

他们有火用了

我们取火,便当得很,擦一根火柴就是了。上古的人取火没有我们这样便当,他们没有火柴擦。他们看见树林里起火,就把烧着的树枝拿回来。不等它烧完,就接烧几根。快要烧完了再接烧几根。这样,他们家里就有火用了。

……

1933年6月，为初小编写的八册《开明国语课本》正式问世。这套精心编撰的课本，每册42篇，叶圣陶在《开明国语课本》编辑要旨中明确写道："本书内容以儿童生活为中心。取材从儿童周围开始，随着儿童生活的进展，逐渐拓张到广大的社会。与社会、自然、艺术等科企图作充分的联络，但本身仍是文学的。""本书尽量容纳儿童文学及日常生活上需要的各种文体；词、句、语调力求与儿童切近，同时又和标准语相吻合，适于儿童诵读或吟咏。"

1934年6月，叶圣陶与丰子恺合作的高小四册《开明国语课本》出版，每册36篇。丰子恺为课本作画配图，信手勾画间，一幅幅插图与文字完美结合，给孩子们带来了"润物细无声"的思想和美学教育。

教育家黎锦熙评价说："此书价值，可谓'珠联璧合'，盖叶先生之文格与丰先生之画品，竟能使儿童化，而表现于此课本中，实小学教育前途之一异彩。"

该课本经国民政府教育部审定，确定为"第一部经部审定的小学教科书"，教育部的批语为："插图以墨色深浅分别绘出，在我国小学教科书中创一新例，是为特色。"

在编写课本的这一年的时间里，叶圣陶每天早上八点到下午五点半都要去造书的工厂上班，在红墨水、蓝墨水、校样、复写纸里忙碌着。整整一个夏天，他既没有听到一声蝉鸣，也没有看到一朵荷花。

叶圣陶在后来出版的《我和儿童文学》中提到："在1932年，我花了整整一年时间，编写了一部《开明小学国语课本》，初小八册，高小四册，一共十二册，四百来篇课文。这四百来篇课文，形式和内

1937年元旦开明书店同人合影

容都很庞杂，大约有一半可以说是创作，另一半是有所依据的再创作，总之没有一篇是现成的，是抄来的。给孩子们编写语文课本，当然要着眼于培养他们的阅读能力和写作能力，因而教材必须符合语文训练的规律和程度。但是这还不够。小学生既是儿童，他们的语文课本必得是儿童文学，才能引起他们的兴趣，使他们乐于阅读，从而发展他们多方面的智慧。当时我编写这一部国语课本，就是这样想的。"

《开明国语课本》在1949年以前就重印了40多次，这套教材的流传，也把叶圣陶的教育理念也推向了更广阔的天地。

2005年，这套教材被再次重印，成为学生的课外读物，虽然是七十多年前的出版物，却依然能打动网络时代的孩子们。

1935年，事业顺利的叶圣陶厌倦了听不到秋虫声的上海，他带着家人又搬回了苏州居住。那时从苏州到上海已有了快车，一小时二十分就到了，三等车票才一块二毛五，交通十分便利。叶圣陶花钱在苏州滚绣坊青石弄买了四分地，并按自己心意进行精心设计，最终建造出了一座温馨的小院。

9月，新屋落成，四间房的户型一模一样，每一间房的后面隔出一个小间，很是简约。东墙上靠着一溜的葡萄藤，屋前是四棵洋槐，叶圣陶在小院里种上了喜欢的垂丝海棠，还种有玉兰、山茶、梅树、杏树、柳树。青石弄极静，几乎不见有人从墙外走过。

叶圣陶在信上说："庭院房舍虽不大，母亲和祖母都觉得还宽舒。"每个月里，叶圣陶只需花一周左右的时间去上海开明书店工作，其余时间就在庭前小坐，专心创作，生活极为惬意。

叶圣陶的长子至善在上海立达学园住校，放了寒假才回苏州的家，三子至诚在开明书店开业那一年出生，如今上了平直小学，二女儿至美进了乐益女中，至美和至诚上学的地方都离家不远。至善买了一条小狗，小狗每天看着至诚、至美他们去上学，常常送他们到马路边上，等他们过马路后，小狗也就乖乖回家了。

在纷乱的时局下，安宁是奢侈的，叶圣陶在苏州小院里住了不到两年，安定平稳的生活就结束了。北平卢沟桥的炮声震动了全国，抗日战争全面爆发！

百年巨匠 叶圣陶 Ye Shengtao

第九章 漂泊入川

1937年,"七七事变"爆发后,日本于8月13日进攻上海,与中国守军展开了激战,"淞沪会战"爆发。日军在1932年的"一·二八"淞沪抗战中轰炸了闸北区的商务印书馆,炸毁了印刷厂屋和所有设备,30万册藏书善本在这场浩劫中被焚毁一空。1937年8月16日这天,炸弹的轰鸣震动了全上海,日军再次把上海的文化区域列为了轰炸目标,开明书店也没有幸免于难。

书店的编印室、图书馆、印刷厂均被炮弹击中,所有的藏书、纸型、机器和档案全被焚毁,正在排印中的《中学生》第七十七号悉数化为灰烬。出版社的资产损失高达80%以上,《中学生》被迫停刊,开明书店也宣告停业。

9月21日清晨,叶圣陶带着全家人离开了心爱的苏州小院,妻子胡墨林找了个杭州的熟人把三个孩子送去了自己亲戚家所在的白马湖暂住。白马湖处在青山环绕之中,孩子们待在这片安宁之地,在湖边抓虾摸鱼,一时间忘却了外面炮火连天的灰暗世界。

日军海军陆战队司令盐泽幸曾经说过:"烧毁闸北几条街,一年半年就可恢复。只有把商务印书馆、东方图书馆这个中国最重要的文化机关焚毁了,它则永远不能恢复。"叶圣陶深知文化和文明的延续对一个民族至关重要,开明书店必须开下去,《中学生》也必须办下去!

叶圣陶把胡墨林和母亲送去了绍兴的直乐泗,就赶去了杭州与章雪村等开明同人会合，他们安排上海的编辑人员逐渐向杭州迁移，准备在杭州出版《中学生》。然而开明书店很难在杭州打开局面，书店现在唯一的出路就是内迁，叶圣陶和章雪村随即又赶往武汉的汉口，开始筹建开明编辑部。

开明汉口分店设在了交通路临街的三开间三层楼里。叶圣陶开始为《中学生》约稿，准备明年一月中旬复刊。在等待稿子的过程中，他一个人改完了《初中国文教本》第三、第四两册的内容，准备发排。妻子和孩子也陆续来到汉口与他团聚，一切刚刚安定，复刊的事却又出了意外。

1937年12月，从上海运往汉口的美成印刷厂的机械原料和书籍纸张在镇江白莲泾附近被劫，损失巨大，在汉口重建开明书店的计划宣告破灭。

南京被围，武汉人心浮动，叶圣陶在汉口待不下去了，但他也不愿回苏州，他从报上看到家乡有人当了汉奸，成了所谓"维持会"的傀儡，怒然说道："这批人若不消灭净尽，我真耻为苏州人。"

夏丏尊和王伯祥写信劝他回上海，他在12月24日回信说："承嘱返沪，颇加考虑。沪如孤岛，凶焰绕之，生活既艰，妖氛尤炽。并欲离汉，亦因斯故。"叶圣陶此时已确定了去处，他信中说道："近日所希，乃在赴渝。渝非善地，故自知之。然为我都，国命所托，于焉饿死，差可慰心。幸得苟全，尚可奋勤，择一途径，贡其微力。"

于是，叶圣陶带着家人收拾好了行李，准备入川。战时船票难求，叶圣陶在李经理的帮助下顺利拿到了7张入川的船票。他坚信抗战必将获得胜利，在溯江入蜀时有感而发，写下了三首《江行杂诗》，其三为：

故乡且付梦魂间，不扫妖氛誓不还。

偶与同舟作豪语，全家来看蜀中山。

1938年1月9日，叶圣陶一家乘坐的民主轮到达了重庆弹子石码头。开明书店的重建遭遇了重重困难，在动荡不安的战乱时刻，叶圣陶不仅无力推动重建书店的计划，连生计也成了问题。

3月，叶圣陶受老友周勖成之邀，到重庆巴蜀学校教国文。他还应重庆中央国立戏剧学校校长余上沅的邀请，到学校教写作课，也因此认识了在该校任教务长的曹禺。很快，叶圣陶的教学生活充实了起来。

叶圣陶还应陈子展和伍蠡甫的邀请，到复旦大学教国文。迁校到北碚的复旦大学教学条件十分简陋，办公处为供奉禹王的道观，教室借用了一个小学课堂，学生住在村里闲置的房屋里，有时在上课的路

1949年，叶圣陶（右一）与周勖成（左一）、赵善昌（右二）在巴蜀学校的合影

上，还会遇到小猪。文学系全系数十人，学生虽少，但叶圣陶从不懈怠。

从北碚到重庆，在嘉陵江坐船也要五六个小时。叶圣陶每两周去一次，到了学校就开始连上五课时的课，第二天再上一天课，然后坐船回重庆。

叶圣陶在给别人的信中倾诉道："教了三个月的课，觉得担任太多了吃不消。弟讲课惯用高音，语语使劲，待下课时累得要命，有几天连上五节，待回来看见椅子就坐下，再也不想起来了。"

叶圣陶在巴蜀中学教国文时也深感疲惫，他每天八时出门，十二时回来，天天上坡下坡，挤公共汽车，十分辛苦，仿佛从此"交了教书运"。

武汉大学的文学院院长陈通伯先生，想把学校的国文课程好好整顿一下，他听闻叶圣陶来了大后方的重庆，还在寻找合适的职业，就聘请他来武大任教，开展选择教材、订定教学方针的工作，领导全校的基本国文教学。

叶圣陶结束了在重庆为期十个月的艰苦生活，但他十分珍惜与巴蜀的同事、同学的缘分和情谊。1938年8月中旬，叶圣陶再次举家搬迁，于29日晚抵达乐山，几经漂泊之后，叶圣陶一家人终于在乐山较场坝安定下来。

乐山没有重庆的沉沉烟雾和坡坡坎坎，在叶圣陶眼里，乐山更像苏州，宁静舒适，宜居安乐。当时的乐山也较为闭塞，没有地方报纸，成都的报纸要等到第二天才能看到，重庆的报纸要隔五六天才能看到，街上没有汽车，"除抽壮丁以外，全无战时气氛"。

武汉大学在乐山的校舍原是嘉定府文庙，庙里古柏森森，庙前有个半圆形的荷花池，大成殿被改成了图书馆，东西两侧的房子被隔成了 14 个教室，相比北碚的复旦大学，要宽敞气派许多。

叶圣陶到校后，不负陈院长所望，进行了一些行之有效的国文教学改革，比如制定出一些批改学生作文课的条例，所定符号有正有负，有十几种花式之多。

叶圣陶入校后，慢慢发现许多学生进入武汉大学，志在文凭，不在学业。学校标榜让学生们安心读书，在学生入学时，让他们都在"决不游心外骛"的志愿书上签了名。

叶圣陶对此不免有些反感，他在抗战时期，要求学生一定要关心国家时局和民族命运，学生应该清楚知道当下的中国是什么样子。因此，叶圣陶常在课上谈抗日战争，提出学生要关心抗战，鼓励他们写一些与抗战有关的诗文，引导学生"游心外骛"。他试图冲破闭塞的校风，教育学生不要为了文凭而学习。

1939 年 1 月 3 日，叶圣陶在《致诸翁》这封书信中说："大学殆是一骗局，师生互骗，学校与社会互骗。大学之最有意义者二事：一为赡养许多教师；二为发出许多文凭。教师得赡养，可以不饿死；文凭在手，可以填履历。如是而已。弟以作小说人之眼光观种种现状，颇得佳趣。若连续任教师三年，当能作一小说，以大学为对象，令教育专家爽然自失也。即弟自己亦骗局中之一员。"

那时武大的国文系主任是刘博平，叶圣陶只是一个没有实权的国文主任，权限只限于基本国文。学校里有不少守旧势力，时常排挤外来的新文学人士。叶圣陶支持学生办壁报，引来了旧派教员的议论，说他思想"左"倾，同事之间的交往充满了官场习气。这让叶圣陶更加怀念那群志同道合的友人，怀念主编《中学生》时的激情岁月。

重拾教师职业的叶圣陶并没有放弃编辑工作。他在战乱中竭尽全力地为恢复和发展开明书店的业务而奔走，他每到一个地方，就去详尽了解当地的印刷成本，了解图书行业的发展情况，还有可行的邮寄方式，期盼着这个有益于读者和这个时代的作品可以早日与大家再次见面。

第十章 战火中重生的《中学生》

1939 年 3 月，章雪村来到桂林，与开明旧友相聚。担任《救亡日报》编委的著名出版家、地下党员胡愈之在不久前来到桂林，他受周恩来的指派以救国会人士的身份在桂林开展抗日文化运动，成为建设桂林文化城的骨干。章雪村与胡愈之等人相聚时，商议起了复刊《中学生》的事。

　　《中学生》杂志社原社长夏丏尊如今还在上海这座抗战孤岛上，如果参与复刊《中学生》的事会面临诸多麻烦，他们在斟酌新社长的人选时很快想到了在四川的叶圣陶。

　　由此，叶圣陶接过了重担，出任《中学生》杂志社社长兼主编，重新回到了《中学生》的教学阵地。杂志社在桂林设立了一个编辑委

青年叶圣陶与胡愈之

员会，成员包括丰子恺、胡愈之、唐锡光、宋云彬、傅彬然、张子盛等八个人。

《中学生》杂志的复刊得益于内外两个因素：

第一，抗战爆发以后，集中在汉口的文化出版界人士大部分来到了桂林，一时之间，桂林成为了一座文化之城，聚集了大量的文化机构和出版社。开明书店也以桂林为中心，慢慢地发展起来，逐渐恢复了生产能力，为杂志的复刊提供了经济基础。

当时很多读者强烈呼吁复刊《中学生》，叶圣陶在乐山的武汉大学任教时，很多青年学生与他交流想法，都希望尽快读到《中学生》。丰子恺当时正在桂林师范学院任教，他的日记中也记录着许多学生希望杂志能够尽快复刊。广大学生"怀念此志不已，则此志诚宜复刊耳"。

由此，在众多读者的呼吁和出版社恢复了经济状况的情况下，《中学生》得以再次复刊。曾经有人提议在上海复刊，但叶圣陶认为如果在上海复刊，这个杂志可能会迫于日本的压力，不敢直面侵略问题，很难实现应有的价值。因此，复刊一定要选在内地才能实现真正的价值传递，只有在内地才能畅通无阻地宣传抗日思想，唤醒全民意识，鼓舞士气，激发国人的斗志。

因战争期间的时局变化太快，大家一致决定发行周刊，除非出现不得已的情况，可以稍作延长，但半个月之内也必须发行一期。此时《中学生》的刊名后多加了一条"战时半月刊"。《中学生战时半月刊》的许多编辑都在桂林，社长叶圣陶远在四川，意味着这份期刊要靠着"游击战"来完成。

叶圣陶开始在四川向作者们约稿，组齐了所有的稿件后，他再以航空信的方式把稿子寄到桂林，在桂林出版。叶圣陶对于《中学生战

《中学生战时半月刊》采用"游击战"的方式出版

时半月刊》的立场提出了两点要求：第一，他要求刊物表达真知灼见，对青年读者有所启发，不要搬弄名词术语。第二，他希望《中学生战时半月刊》要特别提倡个人的志概和节操，只有提倡这两点，青年读者才有生望。

1939年5月，与读者阔别23个月的《中学生》杂志在桂林复刊，以《中学生战时半月刊》的新形象再度与大家相见。

《中学生战时半月刊》的复刊词中写着：

> 野蛮与疯狂的法西斯侵略者，首先要把刀锋向着文化和智慧。它决不饶放过文化和智慧。
>
> 可是文化和智慧也决不饶放过法西斯侵略者。不会十分久远的，我们将要亲眼看见；是文化消灭了野蛮呢，还是智

慧对着疯狂屈膝？

……

在复刊之始，我们愿意和中学生诸君共相勖勉的——

第一是努力追求文化与智慧。用文化和智慧的光辉，消灭世界上野蛮与疯狂的侵略者。

第二是民族利益超过一切，牺牲一切个人利益，时刻准备为救国救民而奋斗。

第三是学习、工作、生活打成一片。生活是为工作，为工作而学习，而且从工作中学习。

《中学生战时半月刊》的复刊让桂林乃至全国的读者都备受鼓舞，然而这份刊物在后续发展中依然面临很多困难。第一个方面是战争的威胁，当时日本为了追求快速赢得战争，频繁对中国的重要城市发动空袭，开明书店在桂林的印刷厂也被炸毁过。

第二个是国民党的舆论检查制度，《中学生战时半月刊》一直在宣传积极抗日，国民党长期对它保持警惕，国民党高层潘公展为此专门约谈过叶圣陶，明确提出《中学生战时半月刊》谈政治过多，提醒叶圣陶让少刊登讽刺社会现实的文章，多讲一些普通知识。叶圣陶多次在日记里写下对国民党政府书刊检查制度的不满，反对政府对舆论的限制。

第三个困难是印刷条件的不足，1937年以前的《中学生》杂志设计精美，到了战乱时期，由于印刷条件有限，杂志的封面都只能用土纸印刷，在最困难的时候，杂志里的图案只能用简单的线条作为一点装饰。

开明人克服了重重困难，坚持把《中学生战时半月刊》送到万千读者手中，《中学生战时半月刊》的复刊号最初是 6000 份，一年以后就涨到了 15000 份。《新青年》的最高销量也只有 12000 份，可见抗战时期的《中学生战时半月刊》受众之广，影响之大。

战争对身陷其中的每一个人都提出了挑战，而教育是每一个国民在面对战争时能够保持民族自信，走向未来的一个最根本点。就像叶圣陶在《中学生战时半月刊》的复刊词里提到的，只有运用文化和智慧才能击败疯狂与野蛮的侵略者。所以只有坚持对教育的重视，对教育的投入，才能够战胜侵略，这是抗日战争能够取得胜利，又逐步建立新中国的成功所在。

《中学生战时半月刊》对抗战教育起到了极其重要的作用，首先，叶圣陶等人充分地意识到战争是所有中国人必须正确且深刻认识的一个重大命题，他们通过杂志向青年读者传递了战争的真相和发展局势，对普通人，重点是青年学者进行战时教育。因此，叶圣陶等人在《中学生战时半月刊》里增加了很多栏目，比如《抗战地理讲话》《中国抗战经济讲座》《前后方通讯》等，通过各种栏目让青年读者了解战时状况，了解战争信息，培养青年人掌握整个战况、树立中华民族抗战必胜的信念。

其次，开明人没有忘记自己的教育责任，特别是抗战进入相持阶段以后，他们深知抗战是一个艰苦而漫长的过程，但抗战胜利后的未来是向大家敞开的。因此，他们对青少年要进行基础学科的培养，还要进行全面的培养。

抗日战争期间的《中学生战时半月刊》可以用两个核心要点来定位：它坚持救亡，同时也坚持启蒙，这也是整个《中学生战时半月刊》的内涵价值。

《中学生战时半月刊》让读者明白日常教育的重要性，中国总会取得最终的胜利，胜利之后的国家建设还需要大量的教育投入，这才是整个民族走向胜利的关键，这也是教育的意义和价值所在。

有的读者回忆起自己在40年代初的时候和同学一起合订《中学生战时半月刊》，他们通过这份杂志开阔了眼界，看到了外面世界的真实样子，在认识世界的过程中，也更加客观地认识了自己的国家。

《中学生》复刊后的一个月，叶圣陶家里迎来了另一件大喜事，他的长子至善与夏家的满子，已订婚六年，但两人在战乱中漂泊流离，一直未能成礼。如今叶家和夏家定下婚期，婚礼从简，这对璧人终于在1939年6月4日幸福成婚。

叶圣陶在6月6日给远在上海的亲家公夏丏尊写去了一封信，他在信中谈到了至善和满子的婚事，喜悦之情跃然纸上：

"善、满婚期此间颇热闹。地点曰红十字会，会所筑于城上，凭阑则岷江浩浩，凌云、乌尤如列翠屏。客凡六席，弟之同事二席，学生一席，小墨之同学一席，二官之同学一席，此外一席，袁昌英、苏雪林几位女太太。刘南陔、朱孟实、方欣安、贺昌群、李儒勉、陈通伯几位先生皆闹酒，新郎、新娘向不吃酒，居然各吃五六杯。并且闹到我们老夫妇头上，墨林亦饮二三十杯，弟则四十杯以上，醺然矣。晚间，小墨之同学来闹新房，唱歌、说笑，直到十一时始散。……是日照相两张，一为新夫妇俪影，一为弟全家合影，并几个随往照相馆之男女同学。据说本星期六可以取得，俟取得时即日飞航寄上。"

百年巨匠 叶圣陶 Ye Shengtao

第十一章 炸不毁的教育救国心

1939年8月18日，中学教师暑期讲习会在成都召开，这次讲习会由四川省教育厅主办，四川大学教员主讲，武汉大学派人帮忙，讲习会要进行到22日才结束，正在武汉大学任教的叶圣陶收到邀请去成都给中学教师讲授国文，叶圣陶不好推辞，只好前去。他和武大的马师亮、叶子真、吴子馨几人同行，于8月11日提前来到了成都。

在抗战期间，日军经常对四川进行轰炸。8月19日这天，成都发出了警报，一场生离死别的考验向叶圣陶突然袭来！

叶圣陶和徐中舒出了成都的新西门，两人在田岸上走着，一会儿看到飞机起飞，两架一起，三架一起，有的往东南飞去，有的在空中打圈子。午饭过后，警报解除了，日本飞机没有来。叶圣陶和徐中舒回到城里，听到了很多传说，有的说泸州被炸了，有的说自流井被炸了，提到了八九处地方。直到四点半的时候，叶圣陶才知道日寇当时出动了27架飞机，被炸的竟是乐山，消息从防空机关里传出来，而且派去查看情况的飞机已经回来了，乐山全城毁了四分之三，两千多人丧了命。

叶圣陶听到这个消息后在成都坐立难安，忧心如焚。他后来在《乐山被炸》一文中写下了他当晚在床上辗转反侧、一夜无眠的状态："想我的寓所在岷江和大渡河合流的尖嘴上，那是日本飞机最先飞过的地方，决不会不被炸；想我家每次听见了警报总是守在寓里，不过江，也不往山野里跑，这回一定也是这样，那就不堪设想了；想日本飞机每次来轰炸，就有多少人死了父母，伤了妻子，人家的人都可以牺牲，我家的人哪有特别不应该牺牲的理由？但是，只要家里有一个人断了一条臂或者折了一条腿，那就是全家人永久的痛苦。如果情形比断一条臂折一条腿还要严重呢？如果不只是一个人而是几个人呢？如果老小六口都烧成了焦炭呢？我要排除那些可怕的想头，故意听窗外的秋虫声，分辨音调和音色的不同，可是没有用，分辨不到一分钟，虫声模糊了，那些可怕的想头又钻进心里来了。"

到了凌晨五点，叶圣陶就起身收拾行李，申请回家。八点十分，他坐上一辆小汽车归心如箭地直奔乐山。到了嘉乐门，车不能进入，叶圣陶便下车步行，不久就遇到了熟人吴安真女士。

"你们一家人都好的，在贺昌群先生家里了。"吴安真的话让叶圣陶悬着的心终于放下了。他很快见到了家人，也得知了他们惊心动魄的逃生经过。

大火蔓延的时候，门被底下的地板挡住了，只能开出一点小缝，胡墨林就带着孩子一个接一个地钻出去。叶圣陶的老母亲因为驼背，钻得更吃力些，有人在门外拉，有人在门里推，最后把背都弄破了，才钻了出去。他们在日本飞机的机枪扫射下一路逃到了岷江边，过了江后，他们又沿着岸滩向北跑了六七里路，再次过江，才来到贺昌群家里。经历了这次有惊无险的生死考验，一家人完好无缺地重聚了，也是万幸。

家里的书籍、衣服和筷子碗盏都在轰炸中被烧成了灰，家人们除了身上的一套衣服，所有的东西都没了，后面日子只能更加精打细算了。当天晚上，叶圣陶给上海的亲友写了封简短的信，报了平安，结语是"重新来过就是了"。

被炸后的两个月时间里，叶圣陶一家在有限的预算下置备了一些

第十一章 炸不毁的教育救国心

在成都的叶圣陶家人

新器物，他们用着粗陶碗、毛竹筷子，穿着土布衣衫。为了省钱，他们甚至买来粗布自己染。叶圣陶的母亲开始为别人裁衣服、做衣服，挣点生活费。有时为了吃一点小虾米，他们就跑到小溪沟里"捕捞"，先把小溪沟的两头用泥堵上，然后不停地淘水，最后把底子剩下的鱼虾弄回家来吃。叶圣陶去成都的城里教书，每周末回来时，总会带回两包花生米，胡墨林一直对那个花生米的香味记忆犹新。

叶圣陶后来把《乐山被炸》这篇文章发表在了《中学生战时半月刊》上，痛斥了日本毫无人道的道德观念："多数住在乐山的人以为乐山该不至于被炸，一半就由于料想日本军人也有这种道德观念。他们似乎忘却了几乎每天的报纸都记载着的事例，要是不忘记那些事

四川教育科学馆工作人员合影

例,日本军人并没有这种道德观念是显然的。他们存着极端不真切的料想,又把自己的身家性命作为赌注,果然,他们输了。我是他们中间的一个,我也输了。"

战火的磨难,让叶圣陶更清晰地认识到教育和时代的关系,战争在短时间内打乱了中国的教育体系,但教育改革仍然需要更快且有效的推进,而教育体系也必须尽快重建起来。

1940年7月,叶圣陶应四川省教育厅长郭有守的邀请,担任该厅教育科学馆专门委员,从事中学国文教学研究,编撰《国文教学丛刊》,担任《中等教育季刊》和《文史教学》杂志的责任编委,处理日常的编务工作。

叶圣陶在8月份辞职离开了武汉大学,他在教育科学馆的月薪为230元,比起武汉大学的300元,少了挺多,但他不愿在守旧陈腐的武大继续待下去。他虽然对教育科学馆还不够了解,却想在这个机关专心研究教育,推进他的教育改革。

入职后的叶圣陶很快就启动了一个大胆的秘密计划,他选定了成都西北方的四个县,临走时只跟馆里说了一声,没请厅里下发通知,随后开始了一次教育上的微服私访。

四川有一种独轮小车叫作鸡公车,可以在田间小路上自由穿梭。从11月21日到12月6日,叶圣陶租用了鸡公车,用这种极为原始的交通方式孤身一人从成都陕西街出发,踏上了教学考察的旅途,开始实地调查中学国文的教学情况。

叶圣陶一路上听说哪儿有学校就往哪儿闯,许多学校都毫无准备,他们得知学校里突然来了个下江口音的老先生,多少有些手足无措。

叶圣陶雇鸡公车下乡调查国文教学

叶圣陶会认真听老师讲上两三节国文课，认真看十来册学生的作文本。他在小记中还反思着自己的不足，认为这样的调查实在不高明，他应该多花点时间，从接触学生入手，看他们在学校里是否学有所得。

经过十几天的调查探访，叶圣陶发现这些学校在教学中依然存在"关门办学"和"独尊文言"等弊端，为此深感忧虑。学校的教学仍以古典内容为主，这样的教育教学不应再进行下去，应该改革为符合时代需要的内容。当下的时代最重要的是抗战救国，眼前这些学校培养出来的学生完全不能满足救国的需要，学校的教学从内容和形式上，都要进行变革，教育要服务于时代，塑造新国民，培养新思想。

叶圣陶在川西访问了十四五所中学校，他在考察过程中与学校师生进行座谈，为他们做演讲，每天都要接触很多陌生人，每天都有不一样的收获。叶圣陶后来说，"这样别致的旅行，我一生中就只有一次"。

叶圣陶从成都回到乐山后，进行教学改革的愿望越发强烈，他完成了一篇三千字的视察报告，交给了郭有守馆长，可惜这篇报告后来没有发布出来。他还写下了一些关于国文教学的意见，陆续刊发在《国文教学》月刊上。

为了推进中等学校的国文教学，叶圣陶除了对附近的学校进行研究考察之外，还想到了编辑一套《国文教育丛刊》。丛刊的目录拟八九种，其中两种是《精读指导举隅》和《略读指导举隅》。

"举隅"是作为范例的意思，编撰两书的目的就是为了帮助教师指导学生阅读，让学生自己阅读时也能"举一反三"。"精读"扩展到"略读"的过程，是学生从"学习"到"应用"的过程。就教学而言，精读是主体，略读只是补充；但就效果而言，精读是准备，略读才是应用。

叶圣陶事先并没征得朱自清的同意，就定下了主意要跟他合作完成这两本书。朱自清知道后也一口答应下来。

当时，朱自清正在昆明西南联大任教，他获得一个休假的机会，有了一年时间来从事中国经典文献的学术研究。昆明物价很高，朱自清就在1940年迁家到了夫人陈竹隐的故乡成都。叶圣陶和朱自清两人每隔三四天就通一回信，各自在乐山和成都的两个人就这样通过书信交流开始了联合创作。

9月12日，叶圣陶开始创造《精读指导举隅》，他在17日写下了《〈精读指导举隅〉前言》："'精读的指导'强调'指导以前'的'预习'，'指导'过程中的'讨论'，以及'课内指导'之后的'练习'。"11月8日，叶圣陶完成了此书。

叶圣陶当初为了来武汉大学教书，在1938年搬来了乐山，如今他已经辞离了武汉大学，而四川省教育科学馆在成都，他每周要去教育科学馆办公三天，同时在齐鲁大学兼课，有时还会去金陵大学文学系作演讲。如此一来，他们一家也就没有留在乐山的必要了。

1941年1月31日，叶圣陶一家搬到了成都。新家在成都新西门外，就在如今纪念杜甫的草堂寺西北约五里的地方，秋天清晨，望见西北松潘一带的雪山，就如同看到了杜甫笔下的"窗含西岭千秋雪"，颇有一番景致。

叶圣陶在2月4日的日记中写道："傍晚出门眺望。墙外竹篱内有桃树四五株，不久当作花。又有柏树多株，殊不寂寥。竹篱之外，小沟环绕，可取汲，可洗濯。南望则田亩无际，竹树四起。此种境界，余向未临之，亦有新鲜之感。"就在这一天，朱自清来了叶圣陶的新家。

朱自清的家在东门外，和西门外的叶圣陶家相隔约二十里地，两人会面也并不容易。两天后，叶圣陶去了朱自清家里，与他商定《略读指导举隅》的选用书，并给朱自清预支了200元的稿费，从这天起，两人开始了《略读指导举隅》合作。

叶圣陶在日记中写道："饭时，佩弦夫人治馔，饮余以桂圆所泡之大曲。二时，与君渡江，入望江楼，游行一周，在竹林下品茗。三时半为别。"

《精读指导举隅》和《略读指导举隅》是中学国文教师的专业参考书，既有选文又有分析。书中详细阐述了作者思路、取材范围、行文笔调，还与其他作品进行比较，分析得失，选用最新文体范例，切合实用。

1941年初，《精读指导举隅》由四川省教育厅出版，1942年由重庆商务印书馆再次出版。《略读指导举隅》于1943年由重庆商务印书馆出版。这两本书问世后，广受欢迎，颇有影响。

1942年4月16日早晨，章锡珊夫妇和傅彬然突然登门拜访叶圣陶，章锡珊现在是开明书店成都办事处的主任，傅彬然是《中学生》的主持人之一，也是桂林"文化供应社"的创办者。章锡珊和傅彬然两人此次来访，也带着明确的目的来的。

开明同人们审视当下局势，想向较为安全的桂林发展事业，傅彬然便来鼓动叶圣陶去一趟桂林，全面考察一下桂林的情况，筹划编辑和发行的各项事宜。

叶圣陶听着觉得不错，但旅行花费巨大，旅途必然艰辛，他一时半会儿也难以决定。随后，傅彬然向叶圣陶提到了此行的两个目的，一个是与他商定开明的编辑方针，商定后由他主持工作。另一个是出版较大规模的《国文杂志》，商定后由叶圣陶主编。同时，为文供社撰写一本《国文手册》。叶圣陶考虑到"余可居家执笔，不必复跑茶店子。此亦余所愿，然改变生活方式，一时亦未敢径即决定"。

叶圣陶现在每周要去四川省教育科学馆办公三天，科学馆的馆址就在老西门外茶店子。与此同时，叶圣陶还要去齐鲁大学、金陵大学文学系史学系上课和演讲，这些工作对于已年近半百的叶圣陶来说，确实有些过于繁重。傅彬然所提的建议让叶圣陶动心了。

4月19日，叶圣陶的儿媳满子产下一子，叶圣陶抱上了孙子，心中大悦，他在孙儿还未出生前就已为他取好了名字，他出生于甲午，长子至善出生于戊午，今年为壬午，叶圣陶便为孙儿取名"三午"，以作纪念。

不久之后，开明书店的范洗人、章锡珊来电，邀请叶圣陶和傅彬然坐飞机来桂林一趟，书店支付这次的旅费。同时，宋云彬也写信过来表态，《国文杂志》必须办，主编必须由叶圣陶担任，必须要深入了解桂林等地的教育和文化情况。

为重振开明书店在大后方的出版印刷机构，叶圣陶最终同意出行，他和傅彬然一起在5月2日动身赴桂。然而这场旅行的艰辛远远超过了叶圣陶的预想。

当时没有飞机可坐，两人只好更改路线，先乘汽车去重庆，结果他们搭上了一个无座的卡车，在两天时间里赶了450公里的路，到了重庆之后发现渝桂线最近没有固定的航班，暂时去不成桂林。

两人在重庆滞留到5月14日，又坐车去贵阳，到了贵阳之后发现要去桂林也很困难，于是又滞留了半月。他们在5月31日乘坐汽车，在6月2日到了金城江，最后转乘火车，最终在6月4日到达了桂林。

叶圣陶住在环湖路开明办事处，他后来在《〈蓉桂往返日记〉小记》里记下了他到桂林之后的心情："抗日战争期间，桂林因为政治情况特殊，成为'文化人'集中的地方，过去在上海差不多朝夕相见的许多老朋友都在那儿。……所以这一次到桂林，是经过好几年的颠沛流离，尝够了'人生不相见'的况味之后跟许多老朋友的重逢，心情之畅快真是难以言说。现在事隔四十年，老朋友大多成了古人，而当时'惊呼热中肠'的情景宛然在眼前，更使我怀念他们不已。"

叶圣陶在桂林稍作休整之后，就开始了忙碌而充实的各项考察工作。

6月7日，叶圣陶和金仲华、陆联棠商谈《中学生》的编辑事宜，还和傅彬然商谈了编辑哪种书籍更有益于读者。

6月8日，叶圣陶和范洗人一起去文化供应社见傅彬然。就在《中学生》复刊的那年10月，胡愈之等人就在桂林成立了文化供应社，从事文化救亡运动。开明书店的傅彬然、宋云彬、唐锡光都是文化供应社的骨干，仅一年左右的时间，文化供应社就发展成为具有一定规模和影响力的新闻出版机构。叶圣陶和范洗人认真参观了这个文化抗战的重要阵地，两天之后，叶圣陶还受邀到文化供应社文学组进行演讲。

6月9日，叶圣陶和傅彬然等友人一起商谈了编辑《国文杂志》的事宜。21日，广西教育研究所资料室主任唐现之赶来拜访叶圣陶。26日晚上，叶圣陶去往广西剧场观看了《黄鹤饮宴》《打雁回窑》和《荷珠进府》三出桂剧，了解当地戏剧文化。

到了7月10日，归期将至，叶圣陶去文化供应社向傅彬然、宋云彬道别，不知日后何时再相见，叶圣陶心中不免有些怅然。宋云彬表示愿意为《国文杂志》写稿并提供力所能及的帮助。随后，叶圣陶又陆续告别了沈雁冰等好友，就在同一天买好了回重庆的机票。

7月11日，叶圣陶坐上了返川的飞机。13日晚，叶圣陶回到家，结束了这趟艰辛的蓉桂之行。他在旅行途中写下了《公路行旅》一诗：

> 自古难行路，今难倘有余。
> 临程谈黑市，过站上黄鱼。
> 蚁附颠危货，麋推老病车。

1942年5月到7月的这段时间里，叶圣陶这趟"蓉桂苦旅"的收获之一，就是和朋友们拟定了创建开明编译所成都办事处的计划。他在6月13日的日记中写道："傍晚，洗翁邀仲华、彬然、云彬、锡光、联棠在店中小饮，谈设立编译机构事。议定设于成都，由余主之，定名曰'开明编译所成都办事处'。仲华、彬然、云彬皆为编译委员，相助编稿约稿。每月以印书三十万字，出版两册或三册为定则。收费费用年以十万元为度。其他事务费用亦有规定，九时散。"

1942年8月，开明书店在成都设立了编译所办事处，叶圣陶以"收入低"为托词辞去了教育科学馆的职务，而他早在1941年5月8日的日记中就道出了辞职的真实心声："馆之成立已两周年，而成绩似无可指称者。以余观之，实徒多一衙门耳。以余所居之第二组言之，同事十馀人，能力均弗甚强，于教育皆无甚兴趣，遑言造诣。而欲以之推进教育，岂能如愿。美其名曰'教育科学'，实则据'教育'之名而吃饭也。"

叶圣陶担任编译所办事处的处长时，他的助手只有一位，就是自己的妻子胡墨林。办事处就设在叶圣陶家里，只添了一副办公桌椅，而编译所的其他人员都在桂林。

开明书店的成都办事处成立后，《中学生》杂志编辑部就迁到了成都，叶圣陶在成都编定杂志内容后，再把稿子空运到桂林印刷发行。

国民政府迁都重庆后，许多出版机构和文化人也陆续集中到了重庆。1944年7月，战火烧到了桂林，守城的中国军队寡不敌众，桂林城沦陷，桂林也成为抗战时期最后一座沦陷的省会城市。开明书店和《中学生杂志》随即从桂林迁来了重庆。叶圣陶来到重庆后，开始与章锡珊、傅彬然等人抓紧时间联系印刷厂家，访问作者，进行约稿。

1945年的一天，一位黄埔军校的教官拿着一篇文章找到了叶圣陶。他是叶圣陶的小学同学赵善昌的儿子赵人龙。赵人龙从黄埔军校毕业后就留校做教官了，当时正在黄埔军校本部任19期少尉班长。

不久之前，他带领学生去军事演习，演习结束后，他要写一份演习报告。他用了文言文的方式来写，整个报告不足300个字，却花费了不少时间和精力。赵人龙知道叶圣陶在开明书店总办事处主持工作，就拿着这篇报告来向叶圣陶请教。

叶圣陶当时看了这篇文章后，对眼前这名朝气蓬勃的青年说，世侄，这篇文章写得不错，但是作为军事报告，应该摒弃不必要的修饰文辞，文从字顺，用笔说话即可。现在提倡白话文，用文言文写的话不太合适。

赵人龙遵照叶圣陶的指导，用白话文重新写过。随后，他就把这篇报告上交给了新兵大队长，报告经逐级批阅，最终得到了学生总队的夸奖，这篇文章也成了黄埔军校演习报告的范例。

1945年7月16日，《中学生》的姊妹刊《开明少年》在重庆创刊，实际的编辑工作由叶圣陶和叶至善担任。叶圣陶早在四月份就开始了这份刊物的筹备工作。

《开明少年》的前身是1925年创刊的《新少年》，它在

"八·一三"淞沪会战中与其他刊物一起被迫停刊。后来开明书店不断收到读者的来信,希望复刊《新少年》,如今书店在编辑、印刷和发行上仍面临着很多问题,想复又不敢复。纸价上涨,印刷工价更高了,运输邮递依旧困难。开明同人在此情形下决定迎难而上,暂时办不到半月刊,就发行月刊。不巧的是《新少年》的名目被别人用去,于是改名为《开明少年》。

叶圣陶在发刊词中,提到了刊名"开明少年"的意义:"一方面,表示他是开明书店出版的少年杂志。另一方面,还有旁的意义。……在今后的我国,在今后的世界,个人必须做个全新的人。怎么叫做全新,说起来可以有很多话,但是'开明'两个字也可以包括了。开是开通,明是明白。侵略人家,欺侮人家,妨碍人家的自由,剥夺人家的幸福,就是不开通,不明白。这样的人无论如何要不得,由他治理一地的事情,便是一地的祸患,由他治理一国的事,便是一国的甚至是世界的灾难。协和人家,帮助人家,尊重人家的自由,顾全人家的幸福,便是开通,明白。这样的人遍于一地,便是一地的康乐,遍于一国,便是一国的荣华;现在人们自己勉励的,就是做这样的人——开明的人。读者诸君是少年,我们愿意诸君作开明的少年。我们说,把这种杂志叫做《开明少年》还有旁的意义,意义就在这儿。"

百年巨匠 叶圣陶 Ye Shengtao

第十二章 胜利，东归

1945年8月，日本无条件投降，中华民族浴血奋战14年，终于赢得了战争的胜利。在举国欢腾之际，叶圣陶在8月10日的日记里写下了当时的复杂心情："到家未久，外传日本投降，已于今晚发出广播。既而报馆发号外，各街燃放爆竹，呼声盈路，亦有打锣鼓游行者。余自问殊无多兴奋。日本虽败，而我国非即胜利。庶政皆不上轨道，从政者无求治之诚心，百端待理，而无术以应之，去长治久安，民生康乐，为期固甚远也。所可欣慰者，日本飞扬跋扈，欺我太甚，而终见其崩灭耳。"

叶圣陶在《中学生》等报刊上连续撰文，也在成都《新民报晚刊》、重庆《新华日报》、上海《建国日报》上发文庆祝胜利，同时，他仍清醒地在文章中继续呼吁民主和自由。抗战期间，国民党当局打着抗战的旗号，以加强"审查"为名，打压进步书刊。政府对自由民主的压制，反而激起了大家的强烈反抗。

叶圣陶在《"胜利日"随笔》中就已提出，在战争结束后："图书杂志审查制度应该立刻取消了。要彻底的无条件的取消，再不要什么尺度与标准。"

9月7日，《中学生》杂志、重庆《东方杂志》、《新中华》月刊、《民宪》半月刊、《宪政》月刊、《民主世界》、《国讯》杂志、《现代妇女》杂志八家联合发表声明，抗议国民党当局以"审查"为名而实为打压的图书检查制度，议决再不送稿审查，并出版"联合增刊"。随后，有多家杂志在"联合声明"上签了名,叶圣陶并代表成都17个文化团体起草公开信和宣言,反对国民党当局的图书杂志审查制度。

国民党迫于压力,在9月22日的中常会上作出了让步,撤销了对新闻和图书杂志的审查。张西洛在文章中回忆起了这场"拒检运动"的大获全胜:"由于叶老威望甚高,我们成都的几家进步报刊有了叶老的大无畏的榜样,也拒绝送审。"

1945年9月26日,叶圣陶从成都搬回了重庆,暂住在较场坝附近的螃蟹井,准备不久之后返回上海。叶圣陶在重庆停留的四个月时间里,时刻关注着国内的局势。周恩来于10月16日在曾家岩中共办事处设宴,叶圣陶也在受邀名单之列,他第一次见到了闻名已久的周恩来,与共产党的联系也越发密切。

12月28日晚,叶圣陶一家七人与开明的复原大队一起坐上了回沪的木船。入川八年,叶圣陶终于踏上了东归之路。31日晚,木船停泊在南沱,众人即将迎来抗战胜利后的第一个新年,叶圣陶与友人买肉饮酒,在船上尽兴欢庆,办起了"辞岁晚会"。

当年杜甫盼来了八年安史之乱的结束,写下了"即从巴峡穿巫峡,便下襄阳向洛阳"的归心似箭,此时叶圣陶也体会到了杜甫"白日放歌须纵酒,青春作伴好还乡"的兴致。

1946年1月9日,叶圣陶回到了阔别已久的上海,住在祥经里。他在日记中写道:"余此次东归,最可慰者,即侍母还沪,得与我妹见面,且一路无恙。有此可慰,一切辛劳足以抵偿矣。"

10月10日,开明书店在金城大楼餐厅里举办二十周年纪念会。抗日战争爆发后,除了一两人留在上海坚持开明事业,其余同人大都四处避难,少数人到了台湾,大部分的人去了西南,他们在成都、重庆、桂林、贵阳这些战时文化中心建立起开明的分店,坚持出版书刊。

留守上海的开明书店没有进行资产和人员的转移,而是等待上海解放,对未来的新生政权和国家发展充满信心。

如今抗战胜利,开明人怀着光复的喜悦先后回到了上海,准备重整旗鼓。沈雁冰在这次的纪念会上发表了致辞:"开明所出的书,稳健而不落伍,亦不肯不顾一切,冲锋陷阵。在目前这样的时代,开明的稳扎稳打是很适宜的。鲁迅先生说的赤膊上阵,究竟不相宜的。再说出版业对一时风气的感应,商务太迟钝,生活太敏感,开明则介乎中间。我认为在目前开明还应保持这种精神。我和开明的创业者都是二十多年的老友。在大后方奋斗时,也常常和开明同人甘苦与共。故我和开明的感情特厚。谨祝开明五十年、一百年、二百年时候有更大的发展,以及中国的能够真正开明。"

叶圣陶代表开明同人致答辞,以"有所爱,有所恶,有所为,有所不为"与众人共勉,这四句话也表达了开明人的气节和态度。叶圣陶还曾为"明社"写下一首社歌,道出了开明人的作风:

> 开明风,
>
> 开明风,
>
> 好处在稳重,
>
> 所惜太从容;
>
> 处常绰有余,
>
> 应变有时穷。
>
> 我们要互助,合作,加强阵容,
>
> 敏捷,活泼,增进事功。
>
> 开明风,
>
> 开明风,

> 我们要创造新的开明风。

抗战胜利后，国人期待的和平建国并没有到来，国共矛盾日益尖锐。1946年上半年，国民党完成了向解放区发动全面进攻的军事部署，内战一触即发。6月，蒋介石在各方压力之下权宜性地发布了停止内战的"六月停战令"。

就在发布停战令的这个月，开明书店长沙分店向总店报告，国民党市党部和长沙市政府召集新闻出版业人士进行谈话，警示不得出售"敌党书刊"，《中学生》就是其中一种。

叶圣陶极为愤怒，他立即向内政部起草呈文表示抗议，同时，他还发表了一些文章，唤醒公众的反抗意识。然而，这股专制之风很快就以更为凶猛的阵势蔓延到了全国。6月18日，《文萃》《周报》《民主》《昌言》《人民世纪》等刊物陆续以违反法规之名被警方禁封。不久，政府以刊载不利军事消息为由勒令《文汇报》《联合晚报》《新民晚报》停刊。7月19日，《周报》被强制停刊，国民政府还明令贩卖书刊的头脑人物，如若犯禁就进行拘禁。

《周报》停刊后，《民主》成了下一个被打压的重点。叶圣陶在11月30日写下了《又来挽〈民主〉》一文，文章刊登在第二天的《民主》休刊号上："我们挽《民主》，我们恨。我们决不肯说'予欲无言'；我们要呼喊'记住这个恨！'"

叶圣陶从1946年到1949年三年的日记，后来由长子叶至善以《在上海的三年》为题，在《新文学史料》上连载，叶至善在连载时加了一段按语："当时，我父亲在开明书店主持编辑部的工作，又代老舍先生主管文协的总务，跟文艺界、学术界、教育界、出版界的人士有许多交往；上海在解放战争时期的民主运动，我父亲大多参

叶圣陶撰写的关于李公朴、闻一多等人遇害的抗议文章

加了。"

李公朴、闻一多等教育界人士因反对内战，相继遇害。在重重黑幕之下，叶圣陶的教育理想无处安放，他愤然感慨道："横逆之来，殆将有加而无已，去年此际，以为我国当渐入坦途，真梦想矣。"

1948年8月12日，朱自清因严重的胃病在北京逝世，叶圣陶第二天早上在报纸上看到噩耗，悲恸不已。朱自清的身体在近几年日渐虚弱，叶圣陶后悔不该邀他参加新课本的编辑，加重他的劳累。

叶圣陶在《文艺春秋》的约稿中写下了《佩弦的死讯——悼朱自清先生》。他在这篇文章中写道："佩弦是个好人，凡是认识他跟他有交谊的人都承认。他可不是'烂好人'，不是无可无不可，随俗依违的那一流。只要看他几年来对于一些看不顺眼的大事都站出来说话，就可以知道。他这样做，我确切的知道，不是讨好什么人，不存什么企图，只是行其心之所安。"

叶圣陶在 8 月 13 日的日记中，流露出内心的沉痛："范泉来信，言其《文艺春秋》于十七日出版，乞余赶作一文，记佩弦之死。意不可却，即为动笔，至下午而完篇，仅二千言。所言皆不精当，未能尽佩之百一也。"

朱自清在去世前 20 天给南克敬写了一封信，他在信中说道："你问怎样教学生学习国文，我想介绍叶绍钧先生和我两个编的《精读指导举隅》和《略读指导举隅》（商务）请你看看。还有我的《经典常谈》（文光），叶、夏两位的《文心》（开明）以及叶和我的《国文教学》（开明），都可看。"

叶圣陶和朱自清的友情从联床共灯到联手共创，在文学和教育的路上为无数人点亮了灯，也在叶圣陶心里留下了永恒的光。

叶圣陶在 1947 年 2 月当选为开明书店的董事后，主持编辑出版的刊物除了《中学生》《开明少年》以外，还有《开明书店二十周年纪念文集》《少年国语读本》一至四册，《中学生手册》《开明新编高级国文读本》《开明文言读本》《儿童国语读本》一至四册，《幼童国语读本》一至四册等。

叶圣陶在重回上海的三年时间里，除了为民主运动而奔走，他也一直在为国民教育事业拓路前行，俯首脚下纵然有无数暗流，放眼前方，光明已在不远处。

第十三章 与新中国同时诞生的教科书

叶圣陶在上海参加了大量的民主运动，被国民党反动派列入了黑名单，随时有被害的危险。1948年11月28日到12月7日的这十天，叶圣陶为了躲避国民党的抓捕，晚上都住在妹妹叶绍铭家中。就在这时，几位神秘人物代表"远方"找到了叶圣陶，为他安排了一个秘密出行计划。

1949年1月6日，叶圣陶照常去开明书店上班，人们在他身上并未察觉到异样。然而，这一切都是"烟幕弹"。到了第二天，叶圣陶悄悄带着妻子胡墨林来到华盛码头，登上了前往香港的轮船，他将以香港为中转地，随后北上，进入解放区！

叶圣陶在临走之前已先送别了奔赴苏北解放区的三子至诚，这次携妻北上的计划里，叶圣陶唯一放心不下的就是年迈体弱的母亲。他思虑再三，在1948年的12月29日把他将要北上的决定如实告诉了母亲，结果深明大义的母亲隐忍下心中的不舍，丝毫没有流露出难过之意，反而催促叶圣陶尽快上路，妹妹和妹夫也赞同他的北上之行。由此，叶圣陶心中少了一份顾虑，多了一份牵挂，和妻子胡墨林一起登上了去往香港的永生轮。

1949年1月11日，叶圣陶到达了香港，他惊喜地发现，很多文化界和教育界的老朋友也在这里。他在《北上日记》小记中写明了此次北上的前因后果："一九四八年十一月初，辽沈战役结束，就有许多民主人士和文化界人士陆续进入解放区，真像'涓泉归海'似的。

在香港的叶圣陶和胡墨林

香港成为当时的中转站,遇到的熟人有一百位左右,大多是受中国共产党的邀请,在那里等待进入解放区,参加政治协商会议的。跟我接头的记得是李正文,查一九四八年的日记却没有记载,可能是当时有意略去的。只十一月二日记了一句:'杜守素来,谈近事,致远方意。'十二月二十日又有一句:'觉农来,代远方致意。''远方'指中国共产党。"

共产党邀约叶圣陶绕道北上参加新政协会议,商讨建设新中国的方针大计。当时国民党军舰还控制着海域,他们只能暗中潜行。

2月27日,叶圣陶带着妻子登上了苏联货轮,准备奔向刚刚解放的北平。他们全部化装成船上的工作人员,以防遭到国民党的盘查,同在船上的27人中,有柳亚子、陈叔通、马寅初、俞寰澄、张绚伯等民主人士,有郑振铎、宋云彬、傅彬然、曹禺等文化界好友,还有一些新朋友。他们大多年过半百,此时却开心得还像青年。第二天,轮船挂上了葡萄牙旗,开始离港北上。

他们一路上欢声笑语不断,将昨日的忧愁和困苦抛在了滚滚流逝

叶圣陶（二排右一）在香港与曹禺、郑振铎等文化人士的合影

奔赴北平途中的叶圣陶（右四）

第十三章　与新中国同时诞生的教科书

的江海中，心中尽是建设新中国的豪迈和无限期待。他们还在船上举行了庆祝晚会，自制谜语，玩得不亦乐乎。叶圣陶出了一个谜面：我们一批人乘此轮赶路，谜底为《庄子》的一个篇名。

宋云彬一下就猜了出来，说出了谜底——《知北游》。他随后提出想要的奖品，提出请叶圣陶作诗一首，并请柳亚子和之。

叶圣陶于是乘兴写下了《自香港北上呈同舟诸公》：

南运经时又北游，最欣同气与同舟。
翻身民众开新史，立国规模俟共谋。
篑土为山宁肯后，涓泉归海复何求。
不贤识小原其分，言志奚须故自羞。

第二天晚会上，叶圣陶一改严谨的长者风范，竟与宋云彬合唱起了昆曲来，叶圣陶在《北上日记》小记中写下了他们北上时的激动心情："因为大家看得很清楚，中国即将出现一个崭新的局面，并且认

奔赴北平途中的叶圣陶在山东解放区演讲

"华北人民政府成立教科书编审会"的信息发布

为,这一回航海决非寻常的旅行,而是去参与一项极其伟大的工作。"

3月5日,船抵达了山东烟台,叶圣陶等人最后于3月18日来到了期盼已久的北平。叶剑英市长、郭沫若、胡愈之等人热情迎接了他们,随后,叶圣陶一行人住进了六国饭店,准备投入到伟大的工作中。

3月底,时任北京师范大学文学院院长兼国文系主任的黎锦熙特意拜访叶圣陶,邀请他去北师大任教,北京大学和清华大学也向叶圣陶发出了邀请,都被他一一拒绝了,因为他还有更重要的事要做。

1949年4月21日的《人民日报》在头版刊登了一则重要消息:"华北人民政府成立教科书编审会",短短七行字的信息却代表着中国教科书编审迎来了一个崭新阶段。华北人民政府代行中央政府的权力于4月8日成立了华北人民政府教科书编审委员会,叶圣陶出任委员会主任。

就在编审委员会成立的同一天,南京政府拒绝接受共产党的"八项和平条件",毛泽东主席和朱德总司令向人民解放军发布了命令,百万大军横渡长江，向全国进军。

"打过长江去，解放全中国"的口号响起，随后，叶圣陶在教科书编审委员会喊出了一个口号："解放军打到哪里，我们就要把教科书送到哪里！"

而跟随解放军的脚步一起推向全国的教材该是什么样的呢？国统区的老教材由于历史观、价值观不同，难以直接给现在的学生使用。因为全国的形势已经发生了很大变化，老的解放区教材在表述上并没有完全紧跟时局的变化。比如东北解放区有些教材里提到要"活捉蒋介石"，如今南京都成功解放了，这种说法已经成为过去。

其次，新的政权有新的价值观和历史观，和旧政权很不一样。比如中国近代史把太平天国定为叛乱，但用马克思主义的阶级观点来判断，太平天国运动就是农民起义。新的教材需要用新的历史观来重新解读和评价诸多问题。

同时，老解放区大多是农村地带，它的选材和表述主要针对农村孩子，如果上海、广州、武汉这些城市的孩子读到这些教科书，会产生陌生感。解放区的新教材必须合理加入一些城市的元素，才能被新解放区的城市孩子所接受。

叶圣陶凭借多年的出版经验，认为全部重编新教材肯定来不及。紧急而有效的方案只能是以旧教材为基础，进行选优改编，将老的根据地教材，老的解放区教材，以及国民党统治区里比较优秀的教材，还有开明书店的教材，全部综合起来，进行整体改编，再辅以点睛的新课文，制作出一套临时教材来完成全国的教学过渡。但即便这样，也是一项十分浩大的工程。

改编的时间非常仓促，新的学期将在秋季9月份开始，教科书编审委员会从4月份成立到学生开学，只有不到半年的时间来筹备

各解放区自行编印的教材

教材。

当时的印刷还只是铅印,需要铸字师熟练地用高温熔化铅液,铸成一丝不差的铅字,"一丝"并非虚指,而是铸字师之间的行话,一丝就表示一微米。整个印制非常复杂,再加上交通运输极为不便,教材在运输过程中还会耗费部分时间。当时中国的小学生有 1200 万,中小学生加在一起将近 2000 万,教材的需求量非常大,要运送的目的地遍布大江南北。

除去制作和运输的时间,真正留给教科书改编和创作的时间十分有限。叶圣陶在 4 月 22 日的日记中写着:"金灿然以华北人民政府之聘书分致同人,余之一份为第一号,可记也。遂开国文组工作会议,决定以一个月之时间改订华北区之高小国语课本,以满下学期应用。"

专职编写教材的成员只有宋云彬、朱文叔、金灿然、蒋仲仁几个人,另外聘请了魏建功和孟超过来"兼职"。编审委员会的成员加上一些刚刚毕业过来的实习生,一共只有四十多人。当年叶圣陶就带领着这40多个人根据华北解放区的教材改编出《高级小学国语课本》（又称新编《高级小学国语课本》），计划在一个月内完成新中国的第一本通用教材。

《高级小学国语课本》一册教材，只有叶圣陶、宋云彬和孟超三人编写，叶圣陶在4月26日的日记中写着："看高小国语，预备改动调换。"4月27日，叶圣陶开始审改高小国文课文书稿，叶圣陶5月份的日记中记录着他改编课文的些许信息：

"上午改课文数篇。"

"上午，余改课文三篇。"

"改课文两篇。"

……

"改课文数篇。至此高小第一册已改毕。"

《高级小学国语课本》第一册的"改订"前后用了十天时间，宋云彬和孟超参与改订，最后由叶圣陶定稿。5月16日，《高级小学国语课本》（共三册）书稿审改完毕。在叶圣陶的带领下，教材编写的成员们每天连轴转，在不到一个月的时间完成了首批教材编写任务。随后，叶圣陶等人继续马不停蹄地进行课本编订。

面对如此浩繁的工作，叶圣陶等人也难免发生一些摩擦。1949年8月，宋云彬在日记中提到，他们在审阅新华书店出版的《中等国文》第三册时，看到徐特立的两篇文章，不知所云，内容文句不通，语意也不连贯。

有些人强调要注重思想，只要思想明确，文章不通也无关紧要。解放区刊布的书籍，无论文字如何不通，大家都会奉为至宝，大有"曾经圣人手，议论安敢到"的认知。

傅彬然与朱智贤合辑一本书，供师范学校作教本，他们所搜集的

1949年，在政协会议上的叶圣陶

文章都是解放区材料，文句不通，出人意表，傅彬然却对之赞美有加。叶圣陶为此感到极为不快，认为这类文字，如果任其流传，不知道会害了多少青年。

叶圣陶在拟订中学课程标准时，有一项明确说明："一个词儿用得合适不合适，一个虚字该补上还是该删掉，都是内容问题，不是文字问题。表达内容既然以语言为工具，惟有语言运用的得当，才能表达得当。"

在叶圣陶眼里，教科书能影响无数学子的一生，必须格外严谨认真，容不得半点马虎。8月28日，叶圣陶住进了东四八条的这座院子。此时的他还无暇去感受北平的胡同和人文风貌。他每天除了参加重要会议，其他时间全在改编教材。教材分为秋季和春季两季教材，秋季教材编完以后，叶圣陶等人又要紧急赶编1950年的春季教材。

1949年9月21日至30日，中国人民政治协商会议第一届全体会议在北平召开，会议通过了许多重要决议：中华人民共和国定都北平，北平（自27日起）改称北京；采用公元纪年；以《义勇军进行曲》为代国歌；国旗为五星红旗。本次会议通过了《共同纲领》，产生了

1949年10月1日，叶圣陶（二排右五）和教材编审委员会合影

中央人民政府，选举毛泽东为主席，朱德、刘少奇、宋庆龄、李济深、张澜、高岗为副主席。

毛泽东主席在开幕式上发表了激昂的致辞，致辞的最后说道，中国人民从此站起来了。叶圣陶被这句话深深触动，他感到非常提气，认为这句话一定要在课本里用起来。

叶圣陶在此之前选过一篇名为《国旗》的文章，但里面的内容比较平淡，叶圣陶总觉得这个文章应该更具冲击力，"中国人民从此站起来了"一定要放进教材中，中国的开国教科书，要给孩子们一种开国的气象。叶圣陶写的《国旗歌》（即《国旗》），排进了《高级小学国语课本》第一册的第一课。

叶圣陶在编撰教材的过程中，仍在不断学习，他只要发现了新的东西，接触到新的思想，就会把它们加进教材里。这种高度紧张的工作状态，一直持续到1950年的元旦。

1950年元旦，大家带病喝着汤药突击教材编写任务

1950年的元旦之后，所有编写教材的工作人员都濒临极限，他们一刻不愿停歇，大多都是带病工作，喝着药干活。宋云彬是学医的，他在日记里大量记录着给同事们号脉、开方子的情况。

各类教材的编写任务陆续完成，后面仍然面临许多难题。教材的印刷发行需要大量工厂、大量工人和大量的纸张。为了保证这一年多时间里教材的正常印制生产，中央政府想了很多方案，最终决定采取公私结合的办法。国家负担一部分任务的同时，把民国时期的许多私营印刷生产力量充分调动起来。

在这期间，共产党在延安时期成立的新华书店负责老的解放区的学生教材供应，新解放区分给了两个机构。为了确保1949年秋季教科书的供应，北平成立了华北联合出版社（简称"华联"）。华联由华北地区从事中小学教材工作的人员组成，主要负责北京、天津以及周边新解放区的教材供应，最西边可以供应到陕西。

与此同时，上海62家私营出版单位在新华书店的帮助下共同成立了上海联合出版社（简称"上联"），上联由原在上海地区从事教材编辑出版事业的人员组成，包括商务印书馆和中华书局的一些人员，负责南方华东这些新解放区的教材供应。

华北联合出版社和上海联合出版社是共产党领导下公私合营的两大出版社。两个出版社成立之后，所要面临的问题也非常多，发行教材需要提前预估学生的数量，提前做好调查。当时的解放战争以摧枯拉朽之势横扫中国大地，形势每天都在变化。新的解放区在不断增加，新教材的需求量也在不断增加，已经解放的地区学生数量也会发生变化，比如在安定状态下，许多失学的人开始重新上学。如此一来，原本统计好的学生人数，会一直发生变化。如果对学生的数量估计不够准确，新学期开始就会有大量学生拿不到教材。因此，出版社必须做好教材数量的印刷规划。

运输层面的困难，除了覆盖范围广之外，另一个最大的难题就是安全问题，刚刚解放的地区仍然不太平，沿路可能遇到国民党的残余势力，也可能被土匪抢劫。

1949年底，抗战时期的陪都重庆刚刚解放，城里有很多报业出版机构，还有大量印刷设备。中央特意派人运送一批教科书的纸型到重庆，进行印制，这个艰巨的任务交到了夏至成手上。

重庆是整个西南三省的中心城市，为了让西南三省广大地区的学生在1950年的秋季拿到新的教材，夏至成一行人带着几大麻袋的纸型，从北平出发，赶往重庆。一个连长带了一个班的解放军战士荷枪实弹地跟着他们，保护他们和教材平安到达重庆。

夏至成等人坐船、坐汽车，几经辗转，沿途遇到过骗子和土匪，克服了千难万险，走了将近一个月才到重庆。当时的纸是短缺物资，为了完成印刷任务，他们到处去征集纸张，已顾不上纸张质量的好坏，什么类型的纸都用上了。

1950年5月，43个类别的教科书基本按照数量印齐了，将近200万册的教科书，立即被送去了西南三省。送书的路上仍有土匪出没，运送教材的人采取了三种办法：一种是跟着部队走，解放军打到哪里，就把教材送到哪里；第二种是跟着邮局走，当时邮局的人员也佩枪自卫；第三种是让送教材的人自己配枪，完成运送教材的任务。

课本随着解放军队伍、邮递员和发行工作人员被送到了全国各地。编教科书的人、印刷教科书的人、运送教科书的人以及所有参与进来的工作人员，都为此感到神圣而骄傲。

国徽是政权的象征，红旗是政权的象征，学生们拿到的新教科书也是政权的象征。中华人民共和国的教科书陆续送到了学生手中，学校升起了国旗，学生们念诵起课本里的《国旗》《我爱五星红旗》《我爱毛主席》，就是新中国新政权最好的体现。

叶圣陶用充满新时代气息的教材，让孩子们感受到幸福生活真的到来了。校园里响起了朗朗读书声，学生们满怀激情地诵读着叶圣陶亲自撰写的课文《国旗》：

> 看！
> 我们的国旗高高升在旗杆顶，
> 它代表中华人民共和国，我们诚心诚意向它致敬。
> 看！
> 我们的国旗高高升在旗杆顶，
> 它那么好看又那么庄严，

显出我们新中国的光景。

看！

我们的国旗高高升在旗杆顶，

四颗星星齐向一颗大星，万众一心齐向人民革命。

看！

我们的国旗高高升在旗杆顶，

中国人民从此站起来了，这旗帜就是胜利的凭证。

学校升起了五星红旗，孩子们在课堂里大声朗诵新教材的课文，这也展现出他们是生活在新政权下的新国民！新青年！新学生！

新编《初级小学国语课本》共八册，几乎每篇课文都有插图，图文并茂。初小的八册课本属于"修订"，修订的幅度比较大，新写的内容不多。新编《高级小学国语课本》共四册，1—3册为修订版，第四册为原创性课文。这十二册国语课本成为新中国小学国语课本的奠基之作，凝聚了叶圣陶等老一辈教育家的智慧和期望。

此外，教科书编审委员会编写的《初级中学国文课本》《高级中学国文课本》《大学国文（现代文之部）》等课本由新华书店和华北联合出版社相继出版。叶圣陶带领着新中国的教科书编写团队殚精竭虑，对教材精益求精，对开国第一套教科书进行了整体的策划，为解放后的人民教育事业作出了积极、大量的探索和创新，让新的大、中、小学教科书与新中国同时诞生了！

百年巨匠 叶圣陶 Ye Shengtao
Century Masters

第十四章 人民教育的全新征程

第十四章 人民教育的全新征程

早在新中国成立之前，中央领导就开始酝酿成立出版总署，叶圣陶在1949年8月15日的午后与中宣部部长陆定一、胡愈之等人商谈成立出版署的具体规划。拟定出版署暂设编审、出版两局，编审局负责教本、工具书、翻译、通俗书、杂志等部分。

当时的出版总署极缺人手，各部门的主事大多是光杆司令，他们筹备总署规划时，还要全力找人扩充队伍。叶圣陶主管教本事务，不久之后，他就得到了一个重要任命，担任出版总署副署长。他深感责任重大，心中不免有些担忧。他在1949年10月16日的日记中写道："成仿吾送来政务院各部署主持人之初步名单，请提意见，俾政府委员会作最后决定。余名在出版总署，与乔峰同为愈之之副。他们何以提及余，不之知。余实怕尸其名。就实际而言，余岂能助理全国出版事业之大计乎。唯提出余不愿为，亦殊啰唆。葛志成旋来，将名单取去，转示教育单位之同人。"

1949年10月19日，国家在东总布胡同设立了出版总署。署长为胡愈之，叶圣陶任副署长。

第二年的2月15日，叶圣陶参加扩大署务的会议，在会上讨论了对于本署工作任务的认识。他在日记中写道："三

著名出版家胡愈之

153

中央人民政府出版总署合影

月有余之时间，同人对于出版总署一机构尚觉模糊，或以为即一大书店。今日总结，乃确认为对于出版事业之行政机构，旨在推进出版事业，使其量多而质精，益推动读书运动，为人民服务。我人编辑，只能就力之所及，择其尤要者为之。而推动作者，使努力于著译，亦我人之分内事也。"

叶圣陶逐渐清晰了出版总署的使命和性质，开启了出版工作的全面改革。在出版战线上，需要紧急解决的两大问题，除了中小学生需要的教科书之外，另一个问题就是培养干部使用的干部读本，同时，还要印制毛泽东同志的著作。这些业务性的工作由出版总署来代为执行，但始终需要一个事业性的机构来长期执行。

民国时期的教材行业存在很多问题，第一是教材定价很高，利润率达到了2000%，开明书店的老板章雪村曾说，民国时期的教材行业是做一季吃半年；第二是出版行业之间存在恶性竞争，不利于中国教育事业的发展。

新中国成立之初，中央就有了教材要国营的想法，党和人民政府决定逐步统一教材的编辑出版制度,加强对教材编辑出版的统一的领导,发挥社会主义制度和人民民主专政的优越性,集中力量办大事,对教材进行统一编写、统一发行、统一使用。

同时,许多私营出版业在新旧社会的交替过程中出现了经营上的困难,不能满足新中国人民教育事业的需要。中华书局是我国近代第二家大型出版企业,规模与商务印书馆相近,开明书店则仅次于中华书局。新中国成立后,商务印书馆也面临资金短缺的问题,急需救济,整个出版行业正处于分散状态,编辑出版过程中无计划、重复浪费、版本混乱、质量不高等现象越发严重。

华北人民政府教育部教科书编审委员会是新中国教材领导机构的一个雏形,但只是一个过渡性机构,中央已开始酝酿成立一些专业的出版社。

叶圣陶和出版署的同仁,以"统筹兼顾、分工合作"为基本方针,把原来在解放区的新华书店和国统区的一些进步书局作为基础,逐步

叶圣陶与胡愈之

建立起各种专业出版社。

  1950年5月7日，出版总署署长胡愈之与副署长叶圣陶谈到了筹建人民教育出版社的事，叶圣陶在日记中写道："今日到署。看公文数件，与愈之谈一小时。渠告我拟与教育部合组教育出版社，专事编审教科书，以第一处诸人为其一部分人员。"

  出版总署成立时，"华联"编辑部并入了出版总署编审局的第一处，如今，第一处的部分人员将会加入即将成立的人民教育出版社。

  中央人民政府出版总署和教育部加紧筹备相关事宜，最终决定将总署编审局教科书编写处、"华联"、"上联"三方进行部门和人员的合并，组成负责教科书编辑和出版工作的人民教育出版社。

  12月1日，新中国建立的第一家出版社"人民教育出版社"正式成立，毛泽东主席亲自为出版社题写了社名。

  人民教育出版社成为全国研究、编写、出版中小学教材的专门机构，对中小学教材进行统一策划、编辑、出版、发行，以适应新时代的人民教育事业蓬勃发展的需要。

  叶圣陶担任人民教育出版社社长兼总编辑，他在成立大会上致辞："现在全社——编审部、经理部和上海办事处工作人员有一百二十三人。……这么许多来源不同的人聚在一块儿，共同来做人民教育出版社这一件大工作。我们大家知道，化学书上有'混合''化合'两个词儿。譬如一碗大米，一碗小米，可以倒在一个大碗里，把它搅和，这是混合。混合的东西不变原样儿，你有耐性细细的分别的捡，还是一碗大米，一碗小米。化合可不同了。譬如脂肪和碱起了化学作用，成为肥皂，无论它结成块儿，溶成液体，总之是肥皂了，不再是脂肪和碱了。肥皂是两种物质化合之后的新东西，希望来源不同的工作同志聚在一块儿，是化合，不是混合。由于化合，大

在人民教育出版社工作期间的叶圣陶

家成为更进步的新人,为编好、印好、供应好教科书而努力。"

从此,叶圣陶开始了两头跑的工作节奏,他每天上午在出版总署办公,下午在人民教育出版社的编辑部办公。人民教育出版社是一幢小小的两层红砖楼房,楼上楼下仅有十多个办公室和三十多位编辑人员,十多个办公室共用一台电话。这座低调的小楼承担着建国初期全国中小学教科书编撰的重大任务。叶圣陶曾说:"人教社是世界上最大的出版社。"大,是因为人民教育出版社服务着中小学校的几千万师生。责任重大,事业远大。

叶圣陶所做的不仅限于编辑的专业工作,他在日记里写下了大量关于教材编辑、出版方面的内容,一直在实践过程中不断反思和深入研究,开创了人民教育出版社编研一体的社风,以学术立社的传统。

人民教育出版社的社训是"敬业、严谨、团结、创新",这八个字也是叶圣陶精神的集中体现。出版领域有邹韬奋的"韬奋精神",新闻领域有范长江的"长江精神",编辑领域有叶圣陶的"圣陶精神"。

叶圣陶是一个反思型、研究型、专家型的编辑,他探索制定出了人民教育出版社的基本制度规范,以及编辑研究的基本指导思想和方法,创造了人民教育出版社优秀的教育出版制度,将人民教育出版社打造成了一个研究型出版社。

人民教育出版社的后续领导团队都对教材编研一体工作给予了高度重视,他们始终强调,要把教材的编辑出版工作建立在科学研究的基础上,而不是简单地加工,由此,才有了人民教育出版社后来的两个牌子——人民教育出版社和课程教材研究所,这也是"圣陶精神"的延续和发扬。

百年巨匠
Century Masters
叶圣陶 Ye Shengtao

第十五章

一代『语文』宗师

叶圣陶在进行新中国第一批教材编撰工作的期间，也在紧张地推进学科教育的整体规划。华北人民政府教科书编审委员会在新中国成立之前组织编撰的教材只是过渡性的教材。为服务国家经济建设的长远发展，叶圣陶开始筹划新中国第一批通用教材。

1949年8月至10月中旬，叶圣陶开始主持拟定《小学课程标准总纲草案》和《中学课程标准总纲草案》。

新中国成立之前，叶圣陶曾主持制定过两个课程标准，1923年，他和顾颉刚合作制定了《新学制初级中学国语课程纲要（草案）》，1940年，他主持制定了《六年一贯制中学国文课程标准》。

而这一次，叶圣陶在拟定具体标准之前做了一个深思熟虑的重要变动。他决定把以前的"国语""国文"改称"语文"。

自1907年清朝引进现代教育体制，颁布《学部奏定女子师范学堂章程》和《学部奏定女子小学堂章程》，国文学科的名称就由此确定了，当时的教材叫《初等小学国文教科书》，到了民国时期，也一直沿用这个名称。

五四新文化运动以后，学界进步人士开始提倡白话文，学校将白话文和国语合流。因为小学课文全是语体文，这门功课在小学叫"国语"，到了中学，课本里的文言文逐渐增多，甚至全部采用文言，这门功课在中学就叫"国文"。

"国语"的"语"字取自"语体文"，"国文"的"文"字取自"文言文",叶圣陶首先提出把这门课程改称"语文",他在 1964 年 2 月 1 日写给腾万林的信中解释了"语文"二字的真意：

> 前此中学称"国文",小学称"国语",至是乃统而一之。彼时同人之意,以为口头为"语",书面为"文",文本于语,不可偏指,故合言之。亦见此学科"听""说""读""写"宜并重,诵习课本,练习作文,因为读写之事,而苟忽于听说,不注意训练,则该写之成效亦将减损。原意如是,兹承询及,特以奉告。其后有人释为"语言""文字",有人释为"语言""文学",皆非立此名之原意。

在叶圣陶眼里,"语文"这门功课要教会学生学习运用语言的本领,应该培养学生的两种基本能力：一种能力是接受别人的信息,听别人说的话,读别人写的文章；第二种是表达能力,把自己的想法写出来,说出来。

"读"和"写"有反复多次实践的机会,但"听"和"说"经常是一次性的,对人们的生活和工作都影响很大。

鲁迅曾在杂文《由聋而哑》里说："医生告诉我们：有许多哑子,是并非喉舌不能说话的,只因为从小就耳朵聋,听不见大人的言语,无可师法,就以为谁也不过张着口呜呜哑哑,他自然也只好呜呜哑哑了。"

叶圣陶对听、说、读、写的能力极为重视,他并没有把语文课当成文学课和思想教育课,认为语文的目的不是为了让学生们都成为文学家。他把语文定义为一种"工具",而听、说、读、写是人们日常生活中每天都会用到的工具,是人们从事任何职业都能用到的工具,更是伴随人们一生的重要工具。

叶圣陶很早就开始重视孩子们听、说、读、写的能力了，他在家里有了电话之后，就琢磨出了一个独特的教育方式，他让妻子去街上买回一块小黑板，挂在电话边上，然后告诉儿子叶至善，如果接到了电话就用粉笔在黑板上记下主要信息，是谁打来的电话，说了什么事。

至善一直依照父亲的叮嘱在小黑板上做电话记录，叶圣陶的目的不在于及时知道来电信息，而是想用这种方式锻炼孩子使用文字的能力、整理思路的能力以及表达能力。

曾经有人给叶圣陶提意见，说教材里文体不统一，什么杂七杂八的内容都有。叶圣陶非常坚持这种风格，回应说，我就是要让学生们学会各种在生活中常用的文体，要让学生们学会怎么写应用文，怎么写借条，这些生活里常用到的技能，对学生同样重要。

《中学语文科课程标准》（草稿）由叶圣陶起草，《小学语文科课程标准》（草稿）由蒋仲仁起草。叶圣陶在语文教育上最基本的理念就是让更多的人养成良好的语文习惯，提高全民族的听、说、读、写水平。

1950年5月，《初级中学语文课本》第一册编撰完成。六册《初级中学语文课本》成为新中国成立后的第一部全国通用教材，每册课本前有"编辑大意"，每篇课文后附有"注解"和"思考·讨论·练习"。

叶圣陶在《〈初级中学语文课本〉编辑大意》中写道：

> 说出来是语言，写出来是文章，文章依据语言，"语"和"文"是分不开的。语文教学应该包括听话、说话、阅读、写作四项。因此，这套课本不再用"国文"或"国语"的旧名

称，改称《语文课本》。

……

语文课本的作用，在使学生阅读各种文章的范例，并且就从阅读中同时养成听、说、写的能力。既然是范例，必须审慎选择，一方面求其内容充实，有血有肉，思想的发展正确而且精密；一方面求其文字跟口语一致，真实而且生动。

叶圣陶还在《编辑大意》中提到："语文教学应该包括听、说、读、写四项，不可偏轻偏重。"除了选文之外，还在课本里加上了语法和学习方法，想让学生在实际的听、说、读、写中举一反三。他希望学生按照"听、说、读、写"这四项作业进行训练和实践，教师依照四项并重的原则进行教学设计。

《高级中学语文课本》是新中国成立后由叶圣陶主持选编的第一部全国高级中学语文通用教材，前两册分别于1950年9月和12月出版，第三册赶在1952年春季开学之前顺利出版。

高级语文科的教学目标和作业项目，除了在程度上有所提高之外，大致跟初中一样。所选的教材，不像初中语文课本那样，只选单篇文章，从第三册起，还选用了整部著作的一章一节以及中篇小说和长篇小说的报告之类，引导学生阅读其他作品，养成更为广泛的读书兴趣，培养敏锐而有效的阅读能力。

《初级中学语文课本》和《高级中学语文课本》在全国各个地区逐渐替代了华北人民政府教科书编审委员会编撰的过渡性教材，成为新中国成立之后的第一套通用教材。

《初级中学语文课本》六册由新华书店出版，《高级中学语文课本》由新华书店和刚刚成立的人民教育出版社陆续出版，人民教育出

人民教育出版社出版的《高级中学语文课本》部分版权页信息

版社的名字第一次被印到了教科书上。

叶圣陶认为教材属于精品作品，对教材的质量把控必须精益求精，字斟句酌。他对于选入语文教材的课文要求极为严格，就算是茅盾、巴金等名家的作品，有不合适的地方，他也会进行修改。改完后，他再把稿子送给本人审阅，征得同意。

当时人民教育出版社的一些教材质量较差，比如一些自然课本，完全照抄苏联的课本，翻译的内容也有很大问题，叶圣陶就让长子叶至善出马，上手编写课本。1953年，开明书店和青年出版社由总署牵线合并成立公私合营的中国青年出版社，此后，叶至善就开始在中国青年出版社主编《中学生》月刊。接了父亲安排的任务后，他每天去出版社正常工作，回家之后就开始编写课本。

后来，人民教育出版社办了一个展览，把教材里五花八门的"失误"展示出来，有计算错误的问题，也有错别字的问题。大家看后哈哈大笑，叶圣陶心里却不是滋味，他认为课本不是给一个学生看，而是给百万千万的学生看。一旦误导了学生，他们可能会连续犯错，甚至连带犯其他方面的错。因此，教材不应该有一丝一毫的错误。

叶圣陶看完这个展览后，回去把所有的教材全部审查了一遍，不只是语文，还有数学、自然、历史等学科。叶圣陶每天只上半天班，下午就回家审教材、看课本，有时还把笔记写在随手撕下的台历上面，最后再把问题集中整理起来，拿给编辑修改。

叶圣陶曾经把数学这门学科交给一个开明书店的同事负责，结果同事转手就把教材交给了自己的学生编撰，这位同事没有做好把关工作，最终交出来的教材错漏百出。虽然错在他的学生，但他作为审稿的老师也是极为不负责的，叶圣陶后来也不再与这位同事合作。

人民教育出版社每周设置了业务学习，叶圣陶常去作演讲，他多次提醒到中语室必须提高挑选课本的眼力，不能拉进篮里就是菜。当时的课文大多选自新出版的报刊，常常初选的时候有一大堆备选，精选的时候一篇不剩。

人民教育出版社后来实施了一个改革，让编辑带着自己编写的课本到学校里试教。叶圣陶对这项改革非常重视，他花了不少时间和精力联系了近十个中学和小学，在每个学校挑一两个班，在每个班安排一门课的试教，同时还请学校的教师一同备课，进行旁听。通过这种方式来印证课本是否适用？课本需要如何改进？教学要如何改进？

1955 年 5 月，叶圣陶要为小学语文课本创作一首儿歌。他以前一直想用叠字来写一首小诗，但总没想到好的内容。5 月 9 日夜里，他仰望星空时，突然有了灵感，提笔写下了一首得意之作《小小的船》。

> 弯弯的月儿小小的船，
> 小小的船儿两头尖。
> 我在小小的船里坐，

只看见闪闪的星星蓝蓝的天。

叶圣陶在日记中写道："意极浅显，而情境不枯燥，适于儿童之幻想。二十年前在开明编小学生课本，即涉想及此，直至今日乃始完成。"这首儿歌只有四句，37个字，他却在日记里为它写了一段五十多字的跋，足见对这首得意之作的喜爱。

《小小的船》被编入了1955年秋试用的初级小学课本语文第一册，活泼灵动的风格，朗朗上口的韵律得到了无数孩子的喜爱，成为教材中的一篇经典作品，也成为后来多个版本的小学语文课本的第一册，是小学语文课本第一册的"常青树"。

叶圣陶写完文章之后都会请专门的语言专家来把关，审核每一篇文章是否符合普通话的语境。叶圣陶是苏州人，平时说的是"苏式"普通话。河里的"虾"，院子里开的"花"，不管是"虾"还是"花"，苏州话都念"hu"。江南水乡之地，河鲜很多，有的人一不小心，指着虾就说"快吃hu"，快吃"花"，其实是叫你快吃虾。

叶圣陶在编教材的时候，担心自己的苏州口音会影响判断，常让身边的人用标准普通话来念课文，一字一句都要读得顺畅。最开始请过一个北京本地的老师，他的普通话非常标准，但断句有问题。后来，叶圣陶请过语言文字学家魏建功来读课文，还请教过研究古典文学及思想史的张中行。

叶圣陶认为语文教材一定要用诵读的方式来检验，文章不能只停留在"看"的层面，还要读出来，用听的方式来检验它能否让读者接受和喜欢。由此，叶圣陶开创了一个"读校"制度。以前一篇课文都是编完就审，然后印刷发行出去了。现在，为了全面把控文章质量，叶圣陶要求整个团队坐在一起，听专门的人诵读每一篇课文。

叶圣陶在人民教育出版社开创的"读校"编审制度

　　审校诵读时，叶圣陶总会闭上眼睛，全神贯注地听，听到哪一句不通顺了，他就马上喊"停"！

　　当时，课本里有一句"月亮掉在水里了"，用北京话来说就是"月亮掉水里了"，没有"在"字。叶圣陶就和团队进行了反复讨论，研究要不要"在"字，是"掉在水里了"，还是"掉水里了"？

　　还有一篇课文里的一句话是"用肩膀来撑船"，大家觉得不对，应该用肩胛这个位置来撑船，因为肩膀这个部位是没法撑船的，教材里这些不准确的描述还有很多。在叶圣陶的带领下，整个团队对文章的遣词造句都变得极其严格，力求准确无误，追求完美，人民教育出版社也由此形成了至今都在沿用的审读教材的制度。

　　1952年9月，教育部拟订了语文科的教学大纲。在座谈会中，有人提出在苏联的教学大纲里，中学的"语法"和"文学"是分开的，语法教学的分量较重，课本也将两者分开了，很多学者认为中国也该如此。

叶圣陶反对盲目学习苏联的行为，更不赞成让"语文"分家。他在当天的日记里写道："凡平日留心语法者，如叔湘、莘田、声树诸君，咸谓语法非万应灵药。可以为辅助而不宜独立教学，使学生视为畏途。此大可注意也。"

最后，中国还是效仿苏联，把"语文"分成了"语法"和"文学"。"语法"的课本改定为《汉语》，由语言学家吕叔湘编订，"文学"的课本就叫《文学》，由叶圣陶主持编订。叶圣陶在挑选《文学》的课文时选取了一些短篇译文，比如契诃夫的《万卡》、都德的《最后一课》。

叶圣陶照常请来相应的语言专家，对照着原文进行再审查，让专家对翻译不准确的地方进行校改。他和团队同样也对这些外国文学进行逐字逐句的讨论。

叶圣陶常常提醒自己，中国的《文学》要少用外国的译文，但他一时难以找到太多合适的国内优秀短篇作品。他知道苏联的课本里有很多童话故事，值得学习，于是自己开始提笔创作，结合中国的传统神话故事试写了《孟姜女》和《牛郎织女》。

《初级中学语文课本》《高级中学语文课本》这两套通用教材一直沿用到1955年，从1955年秋季开始，分了家的新课本陆续出版了，高中和初中的《汉语》和《文学》课本各六册。教育部选出的70多所试点学校很快拿到了新教材，这套通用教材被教育界称为第二套教材。

然而新教材只推行了两年半，就出现了大量的负面评价，新教材的试用效果很差，老师难教，学生难学，教师和学生都觉得负担太重，教学质量严重下滑。1958年3月，经国务院决定，"汉语"和"文学"再次合并为"语文"。

1958到1959年,在全国"大跃进"的背景下,叶圣陶主持编写了《中学语文课本》(初中六册,高中六册),这套通用教材被称为第三套教材。1961到1963年出版的《十年制学校初高中语文课本》被称为第四套教材。1963到1966年出版的新编《中学语文课本》被称为第五套教材,这是叶圣陶在"文革"前主持编写的最后一套教材。

百年巨匠 叶圣陶 Century Masters Ye Shengtao

第十六章 《新华字典》

中华人民共和国建立初期，国家除了全力推进全国的教材编写工作，还在酝酿一项空前宏大的教育计划，为了改变文盲占全国人口70%—80%的现状，快速提升全民文化水平，国家准备对全社会开展扫盲教育，但这个宏大的计划却苦于没有一本与之相适应的语文工具书。

1950年8月1日，在叶圣陶的倡导和建议下，新中国第一家国家级辞书编纂机构新华辞书社正式成立。随即，叶圣陶启动了字典编撰计划。

民国时期，国语运动兴起之后，社会上涌现出一大批字典和词

1950年左右的叶圣陶

典。商务印书馆在1912年出版的《新字典》,耗时五年,1915年出版的《辞源》耗时八年。中华书局在1915年推出的《中华大字典》耗时六年,1936年的《辞海》用时长达二十年。王云五主编的《中山大辞典》、黎锦熙主编的《中国大辞典》历时数十年却未能出版。

叶圣陶在1941年与朱自清合著《精读指导举隅》时,就在前言中提出:"国文教学的受重视至少有二十年了,可是还没有一本适合学生使用的字典辞典出世。现在所有的,字典脱不了《康熙字典》的窠臼,辞典还是《辞源》称霸,对学习国文的学生都不很相宜。"

新中国成立后,叶圣陶所要主持编撰的字典,是一本前所未有的白话文字典,这个想法早在建国之前就已经萌生了。

1946年,毕业于北大语言文学系的魏建功率领国语专修科的师生去台湾,主持国语的工作。他师从钱玄同,在音韵、文字等领域有很深造诣。但他在台湾推行国语时,手上只有一本薄薄的《国音常用词汇》,上面只有一些简单的大字和注音符号,推行起来非常困难。

魏建功(右一)

当时，国内已有《康熙字典》《辞源》《辞海》等工具书，但这些工具书里的文字都是文言文，专家们苦于没有白话文的字典，就想编撰一本小字典。魏建功从台湾回来后，就邀请周祖谟、吴小玲等人一起商量编撰字典的事。

1949年5月6日傍晚，魏建功拜访了还在上海开明书店的叶圣陶，与他商讨编辑《开明字典》的计划。叶圣陶在当天的日记中写道："魏建功来访，谈渠与同气四人计划开明编字典之事。其字典注重于活的语言，以声音为纲，一反从前以字形为纲之办法，的是新创。有计划书甚长，各点余大多同意。唯须用工作人员至少五人，又有五位主编者，历时又恐不会甚暂，如此规模，是否为开明所能胜，余未敢断言。此须俟上海解放之后，南北通信商量，始可有所决定也。"

叶圣陶由于工作繁忙，后来又发生了工作调动，编辑字典的计划就搁置了，但他一直把这件事记在心里。新中国成立后，叶圣陶去了出版总署担任副署长，魏建功则在北京大学做中文系主任。

一天，魏建功去拜访叶圣陶，两人讨论到新中国成立之初的教育问题，在此百废待兴之时，全国80%以上都是工人农民，他们正处于文盲或半文盲的状态，不识字已经成为各行各业的拦路虎。全国开始掀起扫盲运动，全力提高工农大众的文化水平。

叶圣陶深知国家教育的发展重在基础教育，基础教育里的识字教育又是当务之急，眼下，国家急需一本新型实用的小字典作为工具书，达到扫除文盲、普及教育的目的。

随后，叶圣陶就把编撰小字典的计划汇报了上去，很快就获得了批准。字典的编撰工作需要一个总负责人，魏建功就是叶圣陶心中的不二人选。

1950年3月9日，叶圣陶试探着问魏建功是否愿意担任新华辞

1950年，新华辞书社成员合影

书社的社长。魏建功喜出望外，立马答应了。

叶圣陶在这天的日记中写道："与谈大辞典之机构如由我署接收过来，可否由渠主持其事。渠谓于字典辞典颇有雄心，唯须北大方面职务能摆脱方可。"

三个月后，魏建功颇费了一番周折，辞去了北京大学中文系主任的职务，加入了出版总署，开始全身心地投入到《新华字典》的编撰工作中。

1950年的8月1日，新华辞书社正式成立，魏建功担任新华辞书社的社长，社名"新华辞书社"寓意新的中华。人民教育出版社在同年12月1日成立后，辞书社就转入了人民教育出版社，主要任务就是编写《新华字典》。

白话文运动虽然在中国开展了几十年，但大家还是习惯用文言文写东西，之前的国语辞典几乎都是文言词汇。如今要做一本白话文字典，让普通的老百姓尤其是识字不多的老百姓跟上这个时代，跟上新中国的发展，其难度可想而知。

早在抗战期间，叶圣陶一家人还住在成都时，叶圣陶夫妻俩就初次体验到了编撰字典难度。当时成都一家书店的老板冯月樵找到胡墨林，谈到《学生字典》脱销已久，想让她编一本小字典出来，只要能编出来，这就是一本万利的买卖。

胡墨林当时说自己没有这个本事，章雪村给她支了个招，让她搜罗几本过去的旧字典，选一本编得好的，改头换面抄一遍就成了。胡墨林就找了好几本小字典，开始试编，叶圣陶知道后，就说："哪能有这等便当的事，揽在身上有苦吃了。"

儿子至善倒是想帮忙，主动说："让我学着抄一部分吧。"

结果他们发现字典里有许多生僻字是小学生不会接触到的，有许多常用的熟字，是小学生用不着查的，还有一些字不说还清楚，越说越糊涂，工作实在很难推进，结果冯月樵的后续工作更难推进。

冯月樵在成都寻觅很久，没有一家排字房能接字典的活儿，重庆也一样，此外，他也找不到高水平的校对，出版字典的计划就此夭折。

《新华字典》作为中国第一本白话字典，没有先例可参考，一切都要从零开始，难度极大。

字典的编辑人员十分重要，叶圣陶花了很大力气来组建编辑团队，《新华字典》由魏建功主持编写，叶圣陶审稿，主要由两部分人来编写，一部分是《国语辞典》编撰处的部分专家，他们被调来了新华辞书社，另一部分是人民教育出版社的一些编辑。

《新华字典》的编撰工作没有现成的经验可学，叶圣陶等人在摸着石头过河的过程中也做了不少无用功。最初，字典的编撰的体例没有定下来，第一批稿子出来后就暴露了不少问题。稿子还是没有脱离原来旧字典的模式，对一些字的解释也不是很到位。

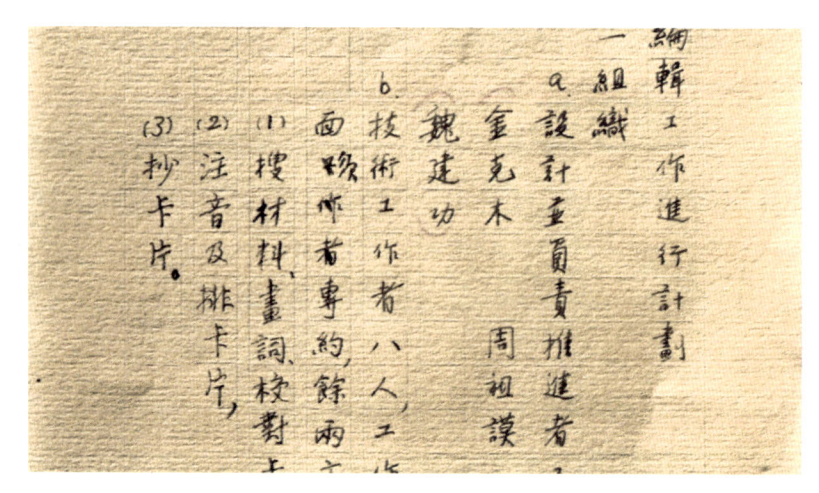

编写《新华字典》的计划书

叶圣陶把编辑人员召集过来，一起开会讨论，商议对策。同时，他请来相关的专家给大家上课，做专业培训，帮助编辑人员更为准确地理解内容。通过专家培训和团队内部的沟通交流，大家逐渐有了思想和认知上的统一，开始逐步攻破难题。

叶圣陶在 1951 年 4 月 27 日的日记中写道："小字典初稿已写成，凡收六千字。今后工作为修订初稿，期其美善。叔湘曾提意见，于稿样批驳颇多，今日即据叔湘之意为讨论。同人之认识各有增进。"

团队对第一批的稿子的内容进行了研讨，认为有部分内容能用，但是基本上还要推倒重来，整个团队很快开始了第二稿的编写。

魏建功确定了"以音统字，以字统义，以义统词"这 12 个字作为编写字典的总方针和总体例。为了便于广大劳动群众学习，字典中添加了很多插图，辅助读者对字的理解。

专家学者们在编写的时候，把字写在一张小卡片上，并附上字的意思和例句，写完之后盖上自己的图章以示责任，随后传给审核的人，审核的人核查无误后又盖上一个图章，以示审核人的责任。

1951年11月29日，教育社编审部召开全体会议，听取语文组、历史组、辞书社关于检查工作的典型报告。萧家霖谈到了他们社检查字典原稿的情形，认为现在的稿子仍然存在思想性不够、科学性欠缺的诸多问题。叶圣陶听取了三方意见，也深受启发。

下午，辞书社召开社务会议，叶圣陶这天的日记中写下了交稿的计划："辞书社开社务会议。谈事甚多，主要者决定字典以明年六月完稿，年底出版。尚须随时督促，鼓起大家之积极性，方克有济也。"

在编撰过程中，叶圣陶负责最后的审稿，也亲自参与字典初稿和修订稿的推敲。他反复审查字典的条目，一节一节地审，发现一个问题，就夹上一个字条，让编辑人员重新核对、修改。

他还想出一个检验字典的方法。他找来一篇《工人日报》文章，从这篇文章里核对是否每一个字都能在这个字典里找到，或字的意思是否在字典里准确体现了，一旦发现遗漏和偏误就立马补充和修正。

魏建功对人温和，不是强势的领导，他在主持字典编撰的过程中，常常遇到了一些管理上的问题。叶圣陶在1952年7月10日的日记中就提到了一些担忧："建功因受同人批评谓其不走群众路线，今乃一变其道，众以为应如何即如何。余则谓博采众意固重要，亦必须有领导乃可。否则大家杂凑，成稿固易，而拿不出去，亦复徒劳。"

叶圣陶不仅操心领导的工作问题，操心工作人员的协作问题，也为《新华字典》迟迟不能完稿而焦虑，他在7月16日的日记中写着："市上小字典当在百种以上，大家抄来抄去，猜想皆此类耳。出版家喜出小字典，视为商品，未能多为读者着想。我社有鉴于此，故成立辞书社，而编辑将两年，迄未完稿，思之实为焦心。"

字典的编撰工作如同一场持久战，编写和反复修改的工作仍在继续，等到这个工程开花结果还需很多时日，但一个月后的一个小成果让叶圣陶有了些许欣慰。

1952年8月19日，叶圣陶在日记中写着："余与萧家霖、张克强、杜子勤共谈。彼等已编成《常用字用法举例》，即可付排。辞书社成立已将两载，此为第一种出品也。"

《常用字用法举例》的初稿收录了1500个教育部公布的常用字，还增加了500个常用字，供各地推行扫盲工作。

《常用字用法举例》完稿后进入了审稿阶段，社里决定让普通群众参与进来，通过座谈交流来发现问题。于是叶圣陶等人召集了识字班、工会学习组、部队文化班的人，针对《常用字用法举例》里的内容，进行逐字交流。

讨论到"眉目"这个词时，例句为"找不到眉目"，工人群众们纷纷表示听不懂。编撰人员就给他们重新解释一番，其中一个工人恍然大悟："那我懂了。你若说'事情有眉目了'，我早就懂了。"

于是，魏建功等人立马将这个词的例句改成了更为通俗的表达。通过这些交流，编撰人员更为深刻地体会到编撰字典必须多跟读者沟通，对字和词的解释要足够通俗易懂，所举的例子也要更常见和普遍。

1953年1月18日，叶圣陶去拜访吕叔湘，和他探讨字典的事，吕叔湘提出了若干意见，表示必须要再修改，才能出版。此外，他还向叶圣陶提到了领导方式，叶圣陶在日记中清楚地写下了他对自己的认知："次谈及领导方法，断言我人实不善领导。我人之想法不出二途。一为得好手而信赖之，任其自己挥洒。一为任人家写出毛坯，不惮烦劳而为之修订。二者皆非今日应有之作风，或为高拱无为之官僚主义，或为辛辛苦苦之官僚主义而已。余谓余亦深知其弊，但无由转变，将奈何。"

叶圣陶在1951年到1953年的日记中大量记录着他在字典编撰工作中的心路历程。在这两年的日记里,有128天都写到了字典的事。从收集相关资料到拟定编写宗旨和体例,从"注音字母音序表""凡例"到每个"字"的注解和插图,每一个字、每一个音标、每一幅插图,都是叶圣陶和编纂人员一起反复"打磨"出来的。

1953年12月,首版《新华字典》由人民教育出版社正式出版。字典收录了6000多个字,其中2000多个字带词。为了携带方便,《新华字典》被设计成了小开本,对初级的扫盲的运动以及后来的基础教育都发挥了不可替代的巨大作用。

《新华字典》一开始的编撰目标是识字教育和文化普及,更多是为普通读者服务。比如当时的夜校在进行农民培训时,农民们也需要各种各样的读物,其中就包括字典。因此,字典不是单纯为中小学生服务,而是面向全社会各行各业的人群。

当时的《新华字典》附加了文字的配图,最大程度满足了读者的需求,读者有时甚至可以不看文字解释,直接看图,就能明白字的意思。文化程度稍高的人可以通过文字解释加深对字的理解。比如老师和学生群体,他们需要利用字典掌握更多、更复杂的知识,比如组词造句和深度解读,文字解释的部分对他们而言就更为重要。

当时除了《新华字典》,虽然还有《辞源》《辞海》,但都是旧版,国内没有其他可用的字典和词典。直到后来进行了第一次辞书规划,才有了新的《辞源》和新的《辞海》。后来为了推广普通话,编订了《现代汉语词典》,在此之前,国家只能依靠《新华字典》推动全民的识字教育,普及基础知识。

最初版的《新华字典》以注音字母排序,使用b、p、m、f这种符号,被称为"注音字母版"。到了1954年,越来越多的读者反馈,不认识这个字，不知道发音，就没有办法去查。由此，人民教育出版社及时做出了修改调整，由魏建功主持，把按注音排列的《新华字典》改为按部首排列，被称为"部首版"。

《新华字典》成为后来各类字典的效果字典和母本字典，后来编辑而成的这类字典，尤其是小型的字典，都脱离不了新华字典的模型，都是在《新华字典》的基础上进行修改和完善的。

《新华字典》成为一个标准和标杆，在业内起到了引领和示范的重要作用。同时，《新华字典》本身也在与时俱进，在一版又一版的修订中不断完善。

1957年，商务印书馆以1954年出版的部首版《新华字典》作底稿，修订出版了新一版《新华字典》。字头以1956年国务院公布的《汉字简化方案》中第一表和第二表的简化字为标准正体，采用注音字母和《汉语拼音方案（草案）》的第一式拼音字母两种形式进行排序。

从商务印书馆出版的第1版《新华字典》开始算，现在的《新华字典》为第12版，如果加上人民教育出版社在1953年和1954年出版的两版，《新华字典》就已经出版了14版。

《新华字典》有着"大专家小字典"的说法，它每一版的修订，都由辞书领域和语言文字领域的大学者、大专家来完成。从第一版的魏建功先生，到后面的曹先擢先生、江蓝生先生等，他们都是语言文字领域造诣极深的专家。

《新华字典》从内容到编撰体例，各个方面都紧跟时代，越发完善和成熟。这本大国家的小字典几十年来广受读者欢迎，陪伴了一代又一代人的成长。

现在的国家通用规划汉字表有8105个字，《新华字典》收录了9000多个字。字典首先是提供查询的服务，而不是读者认多少字，它

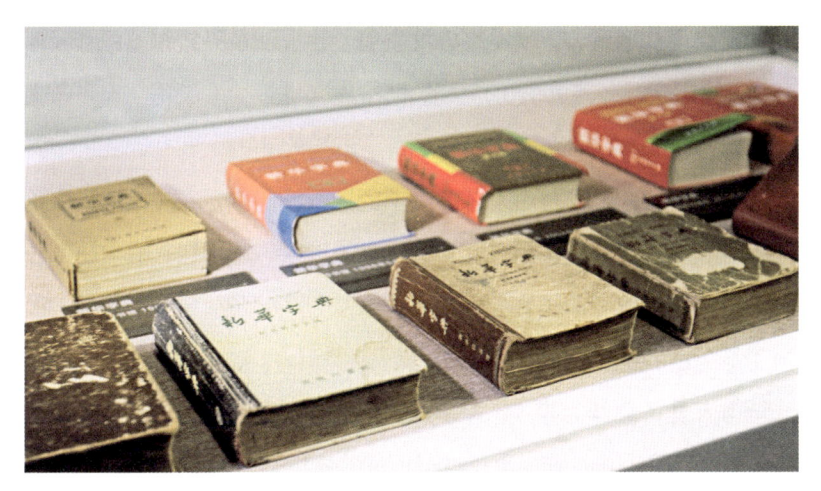

各种版本的《新华字典》

就收多少字,因此它应比读者认的字更多一些。

但《新华字典》也没有囊括一切,还有一些读者反馈,自己的姓氏没有完整地体现出来,某个地名的读音不够准确,而《新华字典》因为本身具有很强的普及属性,这本便于携带的小开本不能负担太重,有些东西需要分担到《汉语大字典》《辞海》等书里。比如《新华大字典》收了3万多个字头,《新华多功能字典》里会涉及更多对字的解释,都为《新华字典》的内容进行了延伸和扩展。

《新华字典》不能编成一个"大砖头",它需要保持自己的特色,就是一个最基本、最基础的小字典。它的根本任务就是基础教育,普及教育。它与其他重要的字典、词典各司其职,各尽其能。

随着大众识字率的提高,《新华字典》有一些功能在弱化,配图也在逐渐减少,但字典的教育的功能一直在加强。字典的编撰方和出版方一直在根据时代的变化、社会的发展,让《新华字典》这个品牌变得更加适用和实用。《新华字典》到目前为止还是中国甚至全世界发行量最大的字典，它的发行总量创造了吉尼斯世界纪录，它已成为一个文化品牌，民族品牌。

这些年来，《新华字典》也受到了市场的冲击，第一是盗版字典的存在，第二是互联网为大家提供了免费查询的平台，第三是网上销售为盗版提供了一个渠道，真假版本常被混在一起出售，第四是部分民营出版社模仿《新华字典》出版了一些别的字典，定价还很低，吸引了不少读者购买。

不仅是《新华字典》，大多数的品牌字典、词典都受到了冲击。而盗版和互联网的冲击，也反过来促使《新华字典》《现代汉语词典》《辞海》这样的工具书进行融合出版，字典的数字版本开始出现。

数字版本的《新华字典》是另外一种形式的与时俱进，一代又一代新华字典的编辑人员，通过辛勤付出，奠定了《新华字典》"国典"的品牌地位。

我们通过字典、词典共同构筑起了自己的文化认同，《新华字典》《现代汉语字典》《汉语大词典》《辞海》和《中国大百科全书》这样的品牌词典，为整个民族留下了珍贵的时代记忆。

这些词典在不断修订的过程中跟进时代，记录着时代，内容涵盖了政治、文化、经济的发展信息。我们能在这些词典里探寻到国家发展过程中的建设成果和成就。字典作为中国的一个文化品牌，保存着国家文化和文明印记，更是一个民族精神的载体。

叶圣陶主持编撰的原版《新华字典》积三年之功，数易其稿，是一代教育先驱筚路蓝缕的宝贵成果，他们付出了难以想象的艰辛，成就了这部新中国第一部白话字典。叶圣陶的心之所向亦如这本字典的名字，实现让全民受教的新中华。

百年巨匠
叶圣陶 Ye Shengtao
Century Masters

第十七章 语言的纯洁和规范

20 世纪 30 年代,叶圣陶曾在《中学生》杂志上开辟了"文章病院"和"文章修改"专栏,创建了"中国语言学会",为中国的语言文字规范做了许多开拓性的工作。

1951 年 2 月,党中央发布《关于纠正电报、报告、指示决定等文字缺点的指示》,号召全民为祖国语言的纯洁和健康而斗争。

叶圣陶对语言规范十分重视,他在新中国成立之初就曾说过,抓语言问题就得抓《人民日报》和中央人民广播电台,一个人人都要读,一个人人都要听。

1951 年 5 月 3 日,《人民日报》刊登了一篇天安门庆祝大会的报道。叶圣陶看了里面的内容,发现错漏百出。有朋友建议他在出版总署组织一次内谈,他觉得很有必要,随后就开始准备内谈的事宜了。叶圣陶把报纸的内容反复看了好几遍,做了不少的笔记。

5 月 22 日,叶圣陶请来了人民日报社、新华社和教育部的人,一起进行深入交流。在叶圣陶的讲话过程中,掌声此起彼伏,他在当天的日记里写着:"一一举而讲之,历四小时而毕,犹觉发挥未尽。听者似尚满意。余亦欣然,然甚觉疲矣。"

叶圣陶和胡乔木在 3 月 4 日一起会见了语言学家吕叔湘,并邀请他在《人民日报》上刊载文章,谈文法,供干部们研习。6 月 6 日,《人民日报》接受了叶圣陶和胡乔木的建议,发表了《正确地使用祖国语言,为语言的纯洁和健康而斗争》的社论。从这天起,《人民日报》

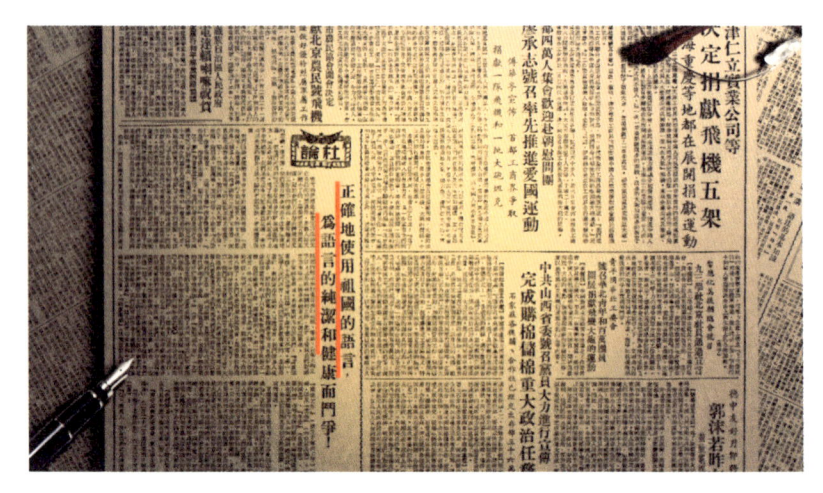

《人民日报》发表的《正确地使用祖国的语言，为语言的纯洁和健康而斗争》的社论

开始连载吕叔湘、朱德熙的《语法修辞讲话》。

当天，《人民日报》还给叶圣陶送来了他的讲话记录稿，请他亲自校阅。叶圣陶花了五个半天的时间改完了八千字的讲话内容，改得十分认真和细致，几乎是重写了一稿，最后把稿子送去了报社。

1953年9月30日，叶圣陶在中国文学艺术工作者第二次代表大会上进行了题为《语言和语言教育》的发言，再次强调了语言教育的重要性："要是我的语言杂乱无章，人家决不会承认我的思想有条有理，因为语言杂乱无章正就是思想杂乱无章。要是我的语言含糊朦胧，人家就决不会承认我的思想清楚明确，因为语言含糊朦胧正就是思想含糊朦胧。要是我的语言干巴巴的，人家决不会承认我的思想好像刚开的花朵，因为语言干巴巴的正就是思想干巴巴的。"

叶圣陶认为正确地使用语言是大家的事，不仅是文学作家的事。每一个人都能通过正确使用语言而获益，而且好处不仅在自己，也会影响到别人，甚至整个社会。他希望通过规范语言来消灭社会中语言分歧和语言混乱的现象，形成我国现代的文学语言。

怎样才是正确的使用语言？叶圣陶提出："可以分两方面说。就语言的材料说，从实际事物出发，彻底了解彻底掌握了语汇的意义，然后使用，那就是正确的使用。就语言的组织形式说，从实际事物出发，彻底了解彻底掌握了语法的关系，然后使用，那就是正确的使用。"

"使用规范语言"是国家号召的大事，正确使用标点符号，也是语言规范化的一个组成部分。

从"五四"时期起，文章里就开始使用标点符号了，如今三十多年过去，标点符号在用法上始终没有统一的标准。1951年7月，政务院要发布关于公文的规定，其中有一个附件是《标点符号用法》，政务院认为举例不大合适，就把这个文件交给了人民教育出版社进行重拟。

当月，叶圣陶就叫上魏建功、萧家霖、黎季纯、蒋仲仁四人一起讨论，集思广益。经过三个小时的商讨，决定由叶圣陶起草文件，再请诸位朋友审阅并提出修改意见。

叶圣陶把十四个符号列出来，发现其中的七个标点符号"句号、逗号、顿号、分号、冒号、问号、叹号"都用在念起来必须停顿的地方。其余七个，如引号、括号、书名号等，只表现在书面上，没有停顿的作用。

叶圣陶就以此为思路，分析需要停顿的七个标点，对标点的功能作了定性，并附上了例句解释，行文都有统一的格式，不需要停顿的那七个标点行文是另一种格式。一个星期以来，叶圣陶的大部分时间和精力都用来寻找合适的例句了。

7月22日午后，叶圣陶在日记中写道："芷芬来谈。傍晚张贡

办公中的叶圣陶

三来,仲仁来。待九时客去,余重行作稿,至十一时,全稿完毕,凡二十多页,题名《标点符号用例略说》。"

叶圣陶完成了《标点符号用法》的初稿后,交给了政务院秘书厅和人民教育出版社的诸多好友审看,征求他们的意见后,叶圣陶又开始马不停蹄地进行修改。

8月8日,叶圣陶从紧张的工作中稍微缓了口气,他在日记中说:"八时以前,将标点符号一文改完,送与高祖文。此事消费余二十天之时间与精力。今日完了,心头一松。"

之后,叶圣陶陆续收到一些反馈意见,稍作了修改,最后于9月定稿。胡乔木提出将此文刊登在《人民日报》上,让全国人民共同遵照实行。

9月24日,《人民日报》送来了《标点符号用法》的校样,叶圣陶用了四个小时再次进行校对，全篇只发现了一个错字，可见报社的校字工作已经进步很大了。

叶圣陶在当天的日记中欣慰地写道："《人民日报》现方注意于消灭错误，……目前新闻界出版界追求精审，群相勉励，久之当可蔚成风气，此则余所乐闻也。"

9月26日，《标点符号用法》以政务院出版总署的名义在《人民日报》上发表，《光明日报》以及《语文学习》《语文教学》也作了转载。

萧家霖发表了《我们应该学会正确地使用标点符号》，对出版总署公布的《标点符号用法》做了分析和评价。周祖谟发表了《正确地使用标点符号》的文章。

叶圣陶最欣慰的还是周祖谟的解读，周祖谟在文章中的观点早在给叶圣陶的信中就提到过，叶圣陶早在9月17日的日记中就写着："北大周祖谟君前日索余之《标点符号用法》，今得其复书，感其知音，录之于下：'其中最扼要最中肯綮者为指明句号以下七种符号系根据语言之停顿而设：语言中有种种不同之停顿，则符号亦因之有异。环顾坊间所出论标点符号各书，未有能洞察及此者。尊著首先提出，使人人了此胜义，可谓沾溉无穷矣。'余之稿本印出后，能明乎此者，不超过五人也。"

儿子叶至善在后来谈到这篇《标点符号用法》时说："父亲的《标点符号用法》也有不足之处，例如说'符号是跟着语言的停顿相配合的，有停顿，就要用符号来表示这个停顿'，这话就有点欠周密，省略号、破折号，并不表示停顿。""破折号可以用来表示意思的转折和跃进，提示和总结，也可以用来表示说话的中断和停顿。"

叶圣陶的《标点符号用法》规范了标点符号的使用，纠正了乱用的现象。他对语言规范化的贡献还有很多。

　　1953 年出版的《新华字典》对语言文字规范和普通话的普及功不可没。最开始的语言文字没有多少标准。《新华字典》凭借专业性和权威性就成为了一个标准，还成为一个标准的母本，延伸或影响到其他的标准形成，比如简化字、汉语拼音方案，也极大影响了普通话的推广。

　　1954 年，全国推广普通话工作委员会成立，叶圣陶成为中央推广普通话工作委员会的委员。1955 年 10 月 15 日，全国文字改革会议在北京召开，叶圣陶担任常务主席。会议作出了推广普通话的决议，并讨论了汉语的规范化问题。就在同一个月，叶圣陶写下《什么叫汉语规范化》，文章刊登在了《人民日报》上。叶圣陶在文中提出："汉语规范化就是普通话的规范化。给普通话定些标准，共同学会它，使用它，收到有利于大事业的效果：这就是汉语规范化的任务和目的。"

　　叶圣陶指出，以北京语音为标准音，以北方话为基础方言，以典范的现代白话文著作为语法规范，这样的语言就是普通话。

　　叶圣陶指出汉语规范化需要四种人共同努力：一是语言研究工作者，编写切合实际的书本，正确引导读者。二是语言教学工作者，即是广大教师，指导学生掌握和运用规范语言。三是在使用语言上有示范作用的人，比如电台的广播员、影视演员、记者等等。四是使用语言的所有人，大家在相互影响之下，彼此巩固，共同提升。

　　大家学习普通话都是自发的，每个人的普通话水平各不一样。说得好的，说得差的，都以为自己说的是普通话，实际上却大有出入。教育部为了培养普通话的专业人才，开办了语音研究班，叶圣陶担任语音研究班的主任。

　　1956 年 9 月 1 日，第二届语音研究班开学，叶圣陶出席了开学典礼，他在当天的日记中写到了研究班的学生情况："此一届共招二百人，分甲乙两班，甲班学习十二周，乙班学习十八周，甲班毕业之后，主作推广普通话之工作，乙班毕业之后，将兼为调查方言之工作。"

12月1日，两个班举行了毕业仪式，叶圣陶这个主任就这么一直当了下去，见证着一批又一批的普通话学员走向岗位，服务社会。

1956年7月1日，叶圣陶在全国语文教学工作会议开幕式上作了报告，题为《改进语文教学，提高语文教学的质量——在全国语文教学工作会议上的报告》，他在报告中提出："汉语教学负有推广普通话、促进汉语规范化的责任。教语音，应该要学生学会北京语音，知道北京语音跟自己的方言的重要的对应关系。教词汇，应该以现代普通话的词汇为准，并且要学生明了普通话的词汇跟方言词汇、文言词汇的关系。教语法，应该以普通话的语法为准，特别应该重视在现代白话文典范著作里固定下来明确起来的语法规范。在语音、词汇、语法的教学中，都应该重视语言的规范性。"

在汉语教学中，教育工作者应该使用中国文字改革委员会拟定的汉语拼音方案的拼音字母。在汉语拼音方案公布以前，小学语文教学要用注音字母给汉字注音，汉语拼音方案公布以后，要用拼音字母给汉字注音，让儿童一看见字就能读出音来，并且发音标准。

叶圣陶也通过普通话来指导写作。1963年10月4日，他在一个语文学习讲座上，谈论到《南京路上好八连》这篇报道的评改，他提出："咱们平常看报，往往从大体上看，看见一篇东西内容比较具体，思想性相当强，就点点头说'这一篇不错'。这样的态度没有什么不对。不过要拿这一篇报道来做研究写作方法的材料，咱们就不能只从大体上看。咱们既要从大体上看，还要从细节上看。什么是细节呢？就是怎样找到切当的语言来表达内容，写成每一句，每一节，连贯起来而成全篇。"

叶圣陶对这篇报道逐字逐句地给出了修改批注，他在文章第十四段的"原来他们把崭新的衣服鞋子拿出来要求上级转送给灾区的人民"提出了细致的意见，普通话只说"鞋"，他建议把"衣服鞋子"改为"衣服和鞋"。

为了语言规范化，叶圣陶对自己的作品也一视同仁，严格要求。他的一篇名为《蝉儿与蚂蚁》的童话入选了学生教材，在团队进行读校审核时，大家提出普通话里蝉很少带儿话音，叶圣陶听取大家的意见把名字改成了《蝉和蚂蚁》。

叶圣陶编写的那些行文规范、意境优美的课文，与那个时代纯洁友爱的社会氛围一起，成为一代代中国人的美好记忆。从《新华字典》的编撰，到《标点符号用法》的明确，再到普通话的推广，叶圣陶为语言的纯洁和健康率先垂范，成为一位语言规范化的领路人。

百年巨匠 叶圣陶 Ye Shengtao

第十八章 教是为了达到不需要教

叶圣陶小时候读私塾，学《三字经》《千字文》《四书》《诗经》《易经》，熟读之后就在老师面前背诵，会背了，老师才往下教。叶圣陶从1912年开始当小学教师，干的是跟私塾教师同样的事。甚至干的是跟古代教师同样的事，就是讲学。

叶圣陶心中有了疑问，教师果真应是只管"讲"的吗？学生果真应是只管"听"的吗？一"讲"一"听"之间，教学就能收到效果吗？他一直在教学实践中寻找答案。

叶圣陶在1941年时所写的《论写作教学》一文中提到："不幸我国的写作教学继承着科举时代的传统，兴办学校数十年，还摆脱不了八股的精神。八股是明太祖所制定，内容要'代圣人立言'，这是不要说自己的话，而要代替圣人说话，说一番比圣人所说的更详尽的话。"

他在与朱自清合著的《精读指导举隅》前言中提到："最坏的情形是指导者与领受者彼此不相应，指导者只认领受者是一个空袋子，不问情由把一些叫作知识的东西装进去。空袋子里装东西进去，还可以容受；完全不接头的头脑里装知识进去，能不能容受却是说不定的。"

1961年，叶圣陶去外地听了一些学校的语文课，有些老师话很多，把四十五分钟独占了，叶圣陶却认为教师有很多话是不必讲的。比如有一节课的课文涉及农村人民公社，老师就把课文放在一旁，大讲农村人民公社的优越性。这个办法比较容易，教学氛围也很好，但并没有完成语文课的任务。

叶圣陶在 1942 年 12 月 18 日写了《论中学国文课程的改订》，他在这篇评论中说过："把上课时间花在逐句讲解上，其他应该指导的事情就少有工夫做了；应该做的不做，对不起学生，也对不起自己。"

他在 1961 年 7 月的一封信中写道："学生须能读书，须能作文，故特设语文课以训练之。最终目的为：自能读书，不待老师讲；自能作文，不待老师改。老师之训练必作到此两点，乃为教学之成功。"

1962 年 1 月 22 日，叶圣陶在《文汇报》发表了《阅读是写作的基础》，他在文章中提出："在课堂里教语文，最终目的在达到'不需要教'，使学生养成这样一种能力，不待老师教，自己能阅读。学生将来经常要阅读，老师能经常跟在他们背后吗？因此，一边教，一边要逐渐为'不需要教'打基础。"

"教是为了达到不需要教"成为叶圣陶教育思想的精髓，更是他执教一生最为核心的教学理念，他在 7 月 23 日的一封教育书简中更为详尽地说道：

"于此我欲进一言，可否自始即不多讲，而以提问与指点代替多讲。提问不能答，指点不开窍，然后畅进，印入更深。而学生时常听老师提问，受老师指点，亦即于不知不觉之中学会遇到任何书籍文篇，宜如何下手乃能通其义而得其要。此如扶孩子走路，虽小心扶持，而时时不忘放手也。"

"我近来常以一语语人，凡为教，目的在达到不需要教。以其欲达到不需要教，故随时宜注意减轻学生之依赖性，而多讲则与此相违也。"

11 月 21 日，叶圣陶在答《林适存》的书信里也提到："尝谓教师

伏案写作的叶圣陶

第十八章 教是为了达到不需要教

教各种学科，其最终目的在达到不复需教，而学生能自为研索，自求解决。故教师之为教，不在全盘授予，而在相机诱导。必令学生运其才智，勤其练习。领悟之源广开，纯熟之功弥深，乃为善教者也。"

"教是为了达到不需要教"，叶圣陶提炼出了这一核心教学理念，解答了当年萦绕心中的疑问。这个思想理念贯穿了他以后的教育生涯，他不遗余力地传播这一教育理念，希望影响广大教育工作者，让无数学生受益其中，且受益终生。

对于叶圣陶的语文教育思想，吕叔湘总结出了最重要的两点，一是关于语文学科的性质：语文的含义与文学不同，它比文学宽广得多，语文是人们生活中不可缺少的工具。

叶圣陶在《国文杂志》里写道："学校里的一些科目，都是旧式教育所没有的，惟有国文一科，所做的工作包括阅读和写作两项，正是旧式教育的全部。一般人就以为国文教学只需继承从前的传统好了，无须乎另起炉灶。这种认识极不正确，从此出发，就一切都错。"

二是关于语文教学的任务：教语文是帮助学生养成使用语文的良好习惯，而非单纯的灌输知识。

叶圣陶在《国文教学的两个基本观念》中明确写道："学生眼前要阅读，要写作，至于将来，一辈子要阅读，要写作。这种技术的训练，他科教学是不负责任的，全在国文教学的肩膀上。所谓训练，当然不只是教学生拿起书来读，提起笔来写，就算了事。第一，必须讲求方法。怎样阅读才可以明白通晓，摄其精英，怎样写作才可以清楚畅达，表其情意，都得让学生们心知其故。第二，必须使种种方法成为学生终身以之的习惯。因为阅读与写作都是习惯方面的事情，仅仅心细其故，而习惯没有养成，还是不济事的。国文教学的成功与否，就看以上两点。"

叶圣陶强调语文教学的任务是调动学生学习的主观能动性，帮助学生自觉养成使用语文的良好习惯，即"教是为了达到不需要教"。

叶圣陶对子女的培养也是如此，他给至善修改作文时，几乎从不填什么形容词，他总是建议孩子是不是换一个说法更好一点？这句话是不是放在前面会更好一点？他就这么跟孩子商量着，没有强硬的思想灌输，只有耐心的引导。他也不要求孩子必须上大学，但要求他们得有自学的能力，在实践中学习。三个孩子在学习过程中始终遵照着父亲的指导，践行着"教是为了达到不需要教"的理念。

1977年8月24日，《人民教育》月刊准备在十月复刊，向叶圣陶约稿。叶圣陶想起14年前在福建说过"教是为了达到不需要教"，但意思没表达清楚，于是写了一首五古《自力二十二韵》，提出教学工作如同教幼儿学步。

学步导幼儿，人人有经验。
或则扶其肩，或则携其腕，
唯令自举足，不虞颠仆患。
既而去扶携，犹恐足未健，
则复翼护之，不离其身畔。
继之更有进，步步能稳践，
翼护亦无须，独行颇利便。
他日行千里，始基于焉奠。
似此寻常事，为教倘可鉴。
所贵乎教者，自力之锻炼：
诱导与启发，讲义并示范。
其道固多端，终的乃一贯。
譬引儿学步，独行所切盼。
独行将若何？诸般咸自办：
疑难能自决，是非能自辨，
斗争能自奋，高精能自探。
学者臻此境，固非于一旦，
而在导之者，胸中有成算；
逐渐去扶翼，终酬放手愿。
当其放手时，此才必精干，
服务为人民，于国多贡献。
扶翼获致是，宁非大欢忭？

不久之后，武汉师院中文系要创办《中学语文》，请叶圣陶题词，叶圣陶于 12 月 26 日写了一段两百字的话：

我想，教任何功课，最终目的都在于达到不需要教。假如学生进入这样一种境界：能够自己去探索，自己去辨析，自己去历练，从而获得正确的知识和熟练的能力，岂不是就不要教了吗？而学生所以要学要练，就为要进入这样的境界。

给指点，给讲说，却随时准备少指点，少讲说，最后做到不指点，不讲说。这好比牵着孩子的手教他学走路，却随时准备放手。我想，在这上头，教者可以下好多功夫。

叶圣陶的这两百字与几个月前写的古体诗《自力二十二韵》意思相近，却更浅显易懂。叶圣陶到了84岁还在努力让更多的人学会自主学习，他把一生对教育的思考，都凝结成了这句"教是为了达到不需要教"。

第十九章 晚年的呼吁

第十九章 晚年的呼吁

叶圣陶从 1912 年 3 月开始执教，到 1982 年 3 月刚好 70 年。1982 年 3 月 12 日这天，一些好友和单位瞒着叶圣陶悄悄为他送上了纪念之礼，孙起孟、冰心在《人民日报》上发表文章，赵朴初、郭绍虞在《光明日报》上发表贺诗，纷纷祝贺叶圣陶从事教育 70 周年。

叶圣陶收到亲友们的祝贺后，在《致周颖南》的书信中提到了他对此事的态度："我乃坦直告友人，历年七十，只缘从业之早，不足以表示其实绩，似无纪念之可言。今请诸友作文，无非大家说几句赞许话，徒令我惭愧。倘蒙垂谅，希望停止此举，友人从我言，故不复互相邀约矣。"

叶圣陶的教育事业大致可分为四个阶段。第一个阶段是从 1912 年起，叶圣陶进入言子庙小学，开始了他的教师生涯。但他在旧式教育里，受到了很大的限制，教育理念一直难以实现。

第二个阶段从 1915 年开始，陈独秀创办了《新青年》，在全国掀起了新文化运动。叶圣陶深受《新青年》的影响，通过这份进步杂志接触到了大量先进思想和文化。他写下《今日之教育方针》一文发表在了《新青年》上，他在文中提出了必须贯穿教育始终的"四大主义"：一是现实主义，提倡以理性代替宗教，学习近代科学。二是惟民主义，以人民为主人，以执政为公仆，提出民为邦本的民主主义的教育。三是职业主义，把教育、学习与社会实践结合起来。四是兽性主义，受教育者应有强健的体魄和顽强不屈的斗志。

叶圣陶在1917年来到甪直五高后，终于有了施展教育抱负的舞台，他和一群志同道合的朋友在学校提倡新学教育，开展教学实践，力求让每一个受教育的孩子都爱学习，善于学习。他为学生们传授知识，也传播了大量思想，他希望学生热爱乡土、热爱生活、热爱民族文化、热爱国家。

他进入商务印书馆和开明书店后，开始编写教材，启迪民智。他的教育经历涵盖了幼儿园、初小、高小、中学、大学，他对每一节课都极为认真，对每一个学生都极为用心。他怀着教育救国的志向，最终迎来了新中国的成立，迎来了一个崭新的教育世界。

第三个阶段是新中国成立后，叶圣陶担任出版总署副署长、编审局局长，兼任人民教育出版社社长和总编辑，在1954年，担任了教育部副部长兼人民教育出版社社长和总编辑。随着地位和工作性质的变化，叶圣陶的教育思想也发生了质变。

叶圣陶过去从事着具体的教学、编辑出版和教材编写工作，教学层面考虑得更多，一直想着怎么启发学生，提升教学质量。他的工作只是在商务印书馆，只是在开明书店，只是在某一个小学或中学，只是在某一堂课或某一些书刊杂志里。

新中国成立以后，叶圣陶考虑得更多的是宏观的教育体系和制度，人民的教育如何推进？教育体系如何建立？教育制度如何适应经济建设、社会变革和国家的长远发展？他的教育思想和理念有了一个全新的高度、深度和广度，变得更为全面和系统。

从1950年人民教育出版社成立到1966年，叶圣陶主持了从小学到大学的语文学科整体规划，主持编写了四套约500册中小学各科教科书，成为中国教育现代语文学科体系的主要奠基人。

"文化大革命"结束后，叶圣陶先后担任中小学语文教材顾问、全国中学语文教学研究会名誉会长、中国写作研究会名誉会长，走向了教育生涯的第四个阶段。

1977年3月11日，84岁的叶圣陶开始为人民文学出版社审阅鲁迅《野草》的注释稿。看完这些注释稿后，他的视力开始急剧下降，就算戴上老花眼镜，也要用三倍的放大镜，才能勉强看清三号字的文章。

叶圣陶在《略述我的健康情况》一文中说："我的眼睛坏到如此地步，跟人民文学出版社一九七六年交来的鲁迅著作'征求意见本'多少有些关系，这种本子我看了十本光景。当时的风气，编辑什么书籍都要'由各地工农兵理论队伍和各大学革命师生'担任，那一部鲁迅著作也是这么编成的。'征求意见本'注释特别多，字小，行间密，油墨淡，对于我的视力不甚相宜。但是我除了每篇的'题解'声明不看（因为我不赞同每篇有那样的题解），所有的注释全都仔细看过，而且提了不少意见。直到视力实在吃不消了，才停止不看。"

1978年2月26日，五届人大一次会议开幕，叶圣陶被推举为主席团成员，当选为人大常委和政协常委。这一年，他开始担任教育部顾问。

3月6日，《人民日报》登载了吕叔湘的《语文教学中两个迫切问题》，文章引起了广大读者的注意，更引发了叶圣陶的深思。吕叔湘在文章里说："十年的时间，二千七百多课时，用来学本国语文，却是大多数不过关，岂非咄咄怪事！"他还在文中提到："少数语文水平较好的学生，你要问他的经验，异口同声说是得益于课外看书。""是不是应该研究研究如何提高语文教学的效率，用较少的时间取得较好的成绩？"

3月21日，叶圣陶在北京地区语言学科规划座谈会上，进行了演讲，题为《大力研究语文教学　尽快改进语文教学》：

"从前读书人读不通，塾师可以不负责任，如今普通教育阶段的语文教学却非收到应有的成绩不可，语文是工具，自然科学方面的天文、地理、生物、数、理、化，社会科学方面的文、史、哲、经，学习、表达和交流都要使用这个工具。要做到个个学生善于使用这个工具（说多数学生善于使用这个工具还不够），语文教学才算对极大地提高整个中华民族的科学文化水平尽了分内的责任，才算对实现四个现代化尽了分内的责任。以往少慢差费的办法不能不放弃，怎么样转变到多快好省必须赶紧研究，总要在不太长的时期内得到切实有效的改进。"

这些年，叶圣陶时刻关注着全国教育教学的发展情况，对教育事业的热情有增无减，但他的身体状况却不似从前，他不仅视力下降得厉害，听觉也早从 70 年代初就开始衰退。他已经戴上了助听器，助听器性能一个比一个好，他感受到的效果却一天比一天差。

年近九十的叶圣陶已逐渐无法集中心思去想事情，稍微用心就不能安眠，写作也有些力不从心。有时想的还不少，此灭彼起，连续不断。有些想头当时觉得还有点意思，可是过后回想，就再也想不起来了。于是，他便想到写随笔，他在 1979 年 12 月写的《晴窗随笔》中说："视力衰退，年来更甚。看书报眼镜和放大镜并用，还是不清不楚。写些什么不能两镜并用，只得在写了一句或者一行之后，拿起放大镜来检查有没有脱漏或者笔误。还得靠阳光。现在是冬季，上午九点到午后四点这一段时间里如果晴朗，对我就较为方便。假如'多云间阴'或者'阴转多云'，那就两镜并用也不济事，只好不写。因此，我的随笔叫做《晴窗随笔》。"

尽管视力退化，叶圣陶还是保持一贯的热心肠，谁来向他讨要墨宝，他都欣然应许。他虽然退出了教育工作的第一线，但他对教育行业的关注丝毫没有减少。

叶圣陶一直对学生极为爱护，对老师也非常尊重，早在1957年他担任人民教育出版社社长时，社里有一个人去乡下的学校做调研，他看到这所学校对代课老师态度极为恶劣，常常让他干一些不合适的工作，甚至是倒尿盆，平时还会横加责骂。调研的人回到人民教育出版社后，在会上汇报了这些情况，叶圣陶竟控制不住愤怒的情绪，当场气哭了。

叶圣陶在担任教育部副部长时，在报纸上看到一篇欺侮代课老师的文章，他看完后非常生气，随即就和吕叔湘几个当过老师的好友联名写了一篇文章，他们在文章里强烈批评了这种现象。叶圣陶还说过如果教育部不懂教育，连空城计都不如，空城计的城墙上还坐着一个诸葛亮，下面有两个扫地的，教育部只有两个扫地的，没有诸葛亮。

1981年，87岁的叶圣陶发表了一篇轰动教育界的文章。10月31日，中国青年杂志社把第二十期《中国青年》寄给了叶圣陶，请他对其中《来自中学生的呼吁》这篇调查摘要发表意见。

长子叶至善正给他念读文章，文章提到许多学校分设了"快班"和"慢班"，给毕业班指派"把关"的老师，并规定"指标"，组织了无休无止的各种考试，还提早了准备高考的时间。学校片面追求高考升学率，给学生施加了很多压力，想出了各种方法给学生"催肥"。

叶圣陶越听越觉得难受，他一直知道许多学校在想尽办法追求高考升学率，但没想到会如此严重。叶圣陶立马写下了《我呼吁》这篇文章，第二天就寄了出去，发表在了《中国青年》和《人民日报》上。

叶圣陶在文章里对那些一味追求升学率的学校呼吁："'剃光头'就'剃光头'好了，只要按党的教育方针办事就没有错。升学率大小

叶圣陶和长子叶至善

不是教育办得好不好的唯一标准。"

他对老师呼吁："你们跟同学朝夕相处，经常听到他们的呼声，最能了解他们的心情。他们还是比较大的孩子，难道不应该玩一玩松一松吗？难道不需要体育活动吗？难道不需要文化生活吗？你们是爱他们的，一定能处处为他们着想，保护他们的切身利益。"

他对家长呼吁："不进大学，要是自己肯学，自己会学，同样可以成才。所谓成才，就咱们这个社会的标准来说，就是成为一个对社会主义建设有用的人，能进大学固然好，不进大学，通过其他种种道路，同样能够达到这个目标。"

他还对各种报刊的编辑同志们呼吁："请你们不要在你们的报刊上鼓吹哪个学校升学率高，哪个地区考分高；不要在你们的报刊上介绍片面追求升学率的方法和经验；不要在你们的报刊上宣传高考成绩优秀的学生，因为考进大学只表明下一个学习阶段将要开始，他能不

叶圣陶和孩子们在一起

能学好还是个未知数；不要在你们的报刊上刊载试题和考卷，因为这些都将成为下一届毕业生的沉重负担。"

这篇《我呼吁》一经发表，引发了强烈的社会反响，文章后来被收进五届人大四次会议《政府工作报告》中，报告中提到："最近，叶圣陶代表发表了题为《我呼吁》的文章，批评了当前中学和一部分小学片面追求升学率的错误做法，词意恳切，表达了学生、教师、家长和广大人民群众的心声。希望有关方面认真注意这个问题，切实加以改正。"

1982年6月16日，叶圣陶参加中国民主促进会第六届中央委员会第二次全体会议的闭幕式，听说参加会议的人平均年龄刚好七十，叶圣陶就风趣地说："过去讲'人生七十古来稀'，现在说七十岁不稀奇。"

叶圣陶在闭幕式的演讲中说道："到了古稀之年，总要对于一两个或更多的人，给他们好的影响。影响并不是一定要他像我，我是说经过我的影响，尽可以超过我，胜过我，青出于蓝而胜于蓝。假使大家都这样做，算起总帐来就很有意义。假如一个人到了古稀之年，能给一个人一点儿好的影响，算起总账来不亏本，假如使两个人超过我，胜过我，就有盈利。假如更多的人受我的影响，盈利就大得很了。到了古稀之年的人，大家都作这样打算，我看是要得的。我愿意用这样浅薄的话自勉，也与诸位同志共勉。"

叶圣陶在演讲中提到前年有一个名为《长寿》的杂志，请他写几个字。叶圣陶认为人老了，如果当一个又矮又胖的"老寿星"是很件没意思的事，于是他给那家杂志写了八个字——多活几年，多做些事。

百年巨匠
叶圣陶 Ye Shengtao
Century Masters

第二十章

巨匠远行

1979 年，86 岁的叶圣陶体弱病重，他在这年 12 月 11 日写下了《遗言》：

> 至善满子至美至诚姚澄共览：关于后事，我以为杨东莼先生处理得很好，我就照他办。不过有一点跟他不同，我要在《人民日报》自费登个广告，告知相识的人，说我跟他们永别了。

1980 年 12 月 21 日，叶圣陶补写了《遗言》：

> 非但不要开追悼会，别的什么会也不要开。像我这样的一个平凡的人，为我开无论什么会都是不适宜的。务望依我，更无他嘱。

1984 年 2 月 12 日，他又在《遗言》里补写道：

> 如有医学院校需要，把尸体赠与。如果火化，骨灰不要捡回。

短短一百多字的遗嘱，叶圣陶就写了三次，晚年时的他不时想到死亡，也不时想起在 1957 年就离去的妻子胡墨林。

1954 年，胡墨林在医院查出了癌症，家人瞒住了胡墨林，立马让医生安排手术治疗。胡墨林在手术后身体恢复得很快，不到 20 天，伤口便完全恢复了。但后来病情有了反复，三年开了两次刀。

胡墨林总在叶圣陶不在家的时候，交代儿媳妇满子，要给父亲添些什么衣服，自己没精神操这份心了，还跟叶圣陶的妹妹叶绍铭说，老太太的后事要全托付给她了。胡墨林的身体每况愈下，心里自然也早就猜到了什么。

去年的八月，叶圣陶按照单位的规定待遇，带着妻子胡墨林去了北戴河避暑。今年，叶圣陶参加完宪法草案定稿的文字工作，就把避暑的季节错过了。胡愈之说错过了可以补，让叶圣陶放下出版总署剩下的琐事，挑个清静的地方去放松一下。

叶圣陶就跟妻子商量起了度假的去处，胡墨林想到离开上海五年多，很想回去看看。于是，叶圣陶买好了火车票，和妻子一起回了上海。两人去探望了满子的母亲，叶圣陶也顺道拜访了好友丰子恺。夫妻两人随后去了南京，去了无锡，还去了杭州。

两年半之后，胡墨林去世了，叶圣陶悲痛之极，写下一首《扬州慢·略叙偕墨同游踪迹，伤怀曷已》，略述了两人四十年来的游踪。

山翠联肩，湖光并影，游踪初印杭州。
怅江声岸火，记惜别通州。
惯来去、淞波卅六，篷窗双倚，甪里苏州。
蓦胡尘纷扑，西趋麇寄渝州。

丹崖碧瀫，共登临、差喜嘉州。
又买棹还乡，歇风宿雨，东出夔州。
乐赞旧邦新命，图南复北道青州。
坐南山冬旭，终缘仍在杭州。

1987年，叶圣陶抱病参加民进七届五中全会

叶圣陶在亡妻墓前写下碑文："人情实太好，与我大有缘。一切皆可舍，人情良难捐。"

1987年6月5日，94岁的叶圣陶在民进全国代表会议上恳切要求辞去中国民主促进会中央委员会主席职务，并说道："这几年眼看不清，耳听不明，通向外界的这两个窗口几乎关闭。作为主席不能参加民进的活动，是'不能容许的失职'。"

"现在我的愿望实现了，我找不到什么语言来形容对诸位的感谢。"叶圣陶用《礼记·大学》中的两句话寄语教育界、文化界、出版界同人："有诸己而后求诸人，无诸己而后非诸人。"

"有诸己而后求诸人，无诸己而后非诸人"是叶圣陶奉行一生的准则。1943年6月9日，叶圣陶在成都《新民报》发表《说话与听话》一文，他在文中提道："说话的人的态度应该是'有诸己而后求诸人'。自己也信不过的话，挂在口头说一阵，多么无聊。没有话勉

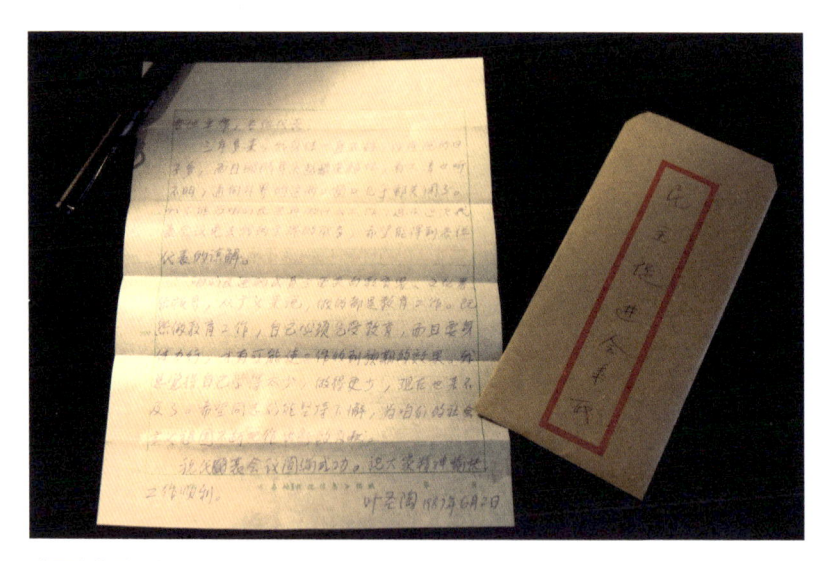

叶圣陶的辞职信

强要说话，想着浪费了的精力就觉得可惜，还不如默尔而息合乎保养之道。尤其是'求诸人'的话，如果'无诸己'，内里空虚别扭，说出来怎么会充实圆融？而且说到要人家怎样怎样的时候，想着自己并没有怎样怎样，脸上就禁不住一阵的红，这一阵脸红比较挨人家的骂还要厉害，又怎么受得了！"

20世纪80年代中期，各省市的教育出版社，掀起了出版个人全集的热潮。1986年10月，就在叶圣陶92岁生日的前几天，江苏教育出版社的吴为公、缪咏禾两位先生来看望叶圣陶，他们提到了两件事。

第一件事，是他们找到了合适的出版社出版《朱自清全集》，叶圣陶曾打算在1948年通过开明书店出版《朱自清全集》，当时没能实现，如今也算了却了心愿。

第二件事，是想约请叶圣陶出一部作品集，请他的三个孩子至善、至美和至诚担当主编。叶圣陶自谦地说自己比朱自清差远了，在学问上没下过功夫，不配出大部头的个人集子。

这本集子要如何取名，是叫"全集"还是"文集"？人民教育出版社资深语文编辑王泗原先生帮忙拿定了主意，他说叫《叶圣陶集》就好，古来的个人集子都是这样取名的。

出版工作者协会在 1979 年成立后，陈翰伯先生提议创办出版者之家，协会邀请叶圣陶写块招牌，叶圣陶提笔写了"出版者之家"五个字，同时决定把《叶圣陶集》的稿费全部送给出版者之家，叶圣陶还对孩子们说："我们一家，连你们的母亲在内，就是个出版者之家。"

1987 年 6 月 27 日，《叶圣陶集》前四卷由江苏教育出版社正式出版。《叶圣陶集》的全部稿酬捐献给中国出版工作者协会与中国民主促进会中央委员会联合创办的"出版者之家"作为基金。

10 月 28 日，叶圣陶迎来了 94 岁生日，吴为公和缪咏禾带着新出版的四册《叶圣陶集》赶来祝寿，他们把新书捧到叶圣陶手边。叶圣陶脱下手套，抚摸着四本书。这本集子满载着他的文学理想，诠释着他的精神世界，也诠释了他的一生。

《叶圣陶集》第一卷里收录了《穷愁》《隔膜》《火灾》三个短篇小说集。

顾颉刚先生为《隔膜》写序时曾提到叶圣陶在用直五高任教时的状态："他在这几年里，胸中充满了希望，常常很快活地告诉我，他们学校里的改革情形。他们学校里立农场、开商店、建戏台、设博物馆，有几课不用书本，用语体文教授……"

《叶圣陶集》第一卷里还收录了《线下》《城中》《未厌集》三个短篇小说集，《线下》这部小说集的一篇《马铃瓜》，是叶圣陶告别科举考场十八年后，根据考场那一夜的见闻，写成的一万多字短篇小说。

《叶圣陶集》第三卷里收录了收长篇小说《倪焕之》，还有《四三集》《春联儿》两个短篇小说集。《倪焕之》这部"扛鼎"的力作，成为我国现代文学史上第一部长篇小说，是反映现代教育思想及其改革过程最早的史诗性作品。

《叶圣陶集》第四卷里收录了童话集《稻草人》《古代英雄的石像》《鸟言兽语》，还有小说集《邻居》，散文集《一个少年的笔记》，诗歌集《听我唱》，寓言和民间故事集《夜工》。叶圣陶在1922年所著的《稻草人》被称为我国最早的童话集。

……

1988年1月17日，叶圣陶为《中国老年》杂志题词："老有所为"。这也是叶圣陶生前的最后一幅题词。

1月19日，叶圣陶身体受寒，感觉到不适，后续几天，咳喘日益加重。

1月22日晚，叶圣陶由肺炎引发心肌梗塞，住进了北京医院。经过抢救，他的两种病都有所控制，只是体力大为衰减，想翻身、喝水时，都只微微作一个手势。在随后的日子里，叶圣陶日渐感到全身无力，每天变得嗜睡，傍晚会稍微平静一些，但已没有听读报的精力了。儿子和儿媳们，孙子和孙媳们，每天都来医院轮流看护。

2月14日，国务院的领导来探望他，叶圣陶虽然神志清醒，但已无力说话，只是在他们离开时说："谢谢你们来看我。"到了晚上九点，叶圣陶安静入睡，第二天，他陷入了深度昏迷。

2月16日8点20分，圣陶先生远行！

2月29日，在八宝山革命公墓礼堂里，叶圣陶静卧在鲜花和翠柏丛中，千余名各界人士来此告别叶圣陶先生，告别这位杰出的作家、教育家、出版家和社会活动家。他的品德、文章、事业、言行，培养教育了一代又一代的作家、读者、教师、学生、编辑和出版工作者，影响了无数人，巨匠已逝，典范永存。

学生从叶圣陶编写的语文教材里学习智识，不断成长。读者从他的文学作品里感受他的思想，在他的日记里，我们看到了一个更为真实和有趣的叶圣陶。

叶圣陶从1910年秋开始写日记，几十年来笔耕不辍，他在日记中记录下了生活中弥足珍贵的点点滴滴。

叶圣陶爱学习，爱自然，爱朋友，爱家庭，许多与叶圣陶相熟的人都对他有一个评价，认为叶圣陶不论是在工作里、创作里还是生活里，都是一个完美的人。

叶圣陶一辈子都在学习，他有一个爱好就是抄书。叶圣陶的孙子叶永和先生珍藏着一大堆爷爷抄写的文稿，这些文稿集的封面上写着"1930年到1951年，中学生文篇"。里面誊抄了170篇文章，光目录就有6页纸。

叶圣陶在担任新中国出版总署副署长、教育部副部长、人民教育出版社社长的这段时间里，虽然公务繁忙，但还保持着抄书的习惯。他把《中学生》杂志从创刊一直到1952年里刊登的他的一些文章，一字一句地誊写了出来。这些文章，有的指导当时青少年如何获取知识，如何培养人格，如何来为社会有所担当，有的关注着国家的前途和命运。叶圣陶一直坚定地认为培养对社会有担当的合格公民永远是教育工作者应尽的职责。而他把这些文章再次摘抄出来，也是对这项职责的最好诠释。

叶圣陶是个极有生活情趣的人。他留的是传统的光头，常穿家制的布鞋布衣，而且多是中式的。晚饭总爱喝一点酒，最爱的是花雕，每次都以半醺为度。

叶圣陶到了北京以后，对南方的一些吃食，很是怀念，尤其是南方的大闸蟹。当时没有高铁，也没有发达的物流。有南京的好友知道他想念大闸蟹，就想尽办法给他千里送蟹。好友用布把大闸蟹包裹起来，用水喷湿，再通过特快的绿皮火车，花上十七八个小时的时间，就把大闸蟹送到了叶圣陶手里。大闸蟹还在路上时，叶圣陶就急迫地打听送了几只，而当他拿到这些大闸蟹后，他再会仪式感满满地享用起来。他爱生活，他爱旅游，爱花花草草，爱生活中的一切。

他还有一份坚定的爱情，有一段中了头彩的婚姻，有三个优秀的子女，有一个幸福美满的家庭。

叶圣陶喜欢广交好友，不论是在学校、商务印书馆、开明书店还是人民教育出版社，他都有很多一辈子的挚交好友。当时胡愈之担任出版总署署长，叶圣陶是副署长，一些人认为不公，说胡愈之的名气没有叶圣陶大。叶圣陶却对此感到十分高兴，认为朋友当大官是好事，他始终和胡愈之在工作上配合得很好。叶圣陶对朋友一向如此真挚，毫无保留地信任，发自内心地敬重。

"文革"后期，叶圣陶把1945年年底到第二年2月初，从重庆到上海的日记抄在一个练习本上。《人民日报》的编辑姜德明一生爱书，是著名的藏书家和散文家，他在七十年代看到叶圣陶的这个练习本，就想把这些日记发表出来。到了1980年12月初叶圣陶才答应此事，他以《东归江行日记》为题，写了篇"题记"。姜德明收到后，把这册日记发表在了第二年的头两期《大地》上，后来他先后代《人民文学》和《收获》向叶圣陶约稿，希望叶圣陶能把其他日记也发表出来。

叶圣陶对以前的日记做了筛选，重新编排成册。选了1949年年初时，他和妻子离开上海转道香港去北平的一段日记，取名《北上日记》。选取1961年7月底到9月下旬时，他参加文化参观访问团后去内蒙古自治区的一段日记，取名《内蒙日记》。

1981年，花城出版社打算把《东归江行日记》《北上日记》和《内蒙日记》合在一起出版。叶圣陶同意后，为之取名《日记三抄》。就在同一年，叶圣陶把1942年时，他从成都去桂林的往返日记取名《蓉桂之旅》，发表在《新文学史料》上。

叶圣陶生前编定的日记集有《圣陶日记》《西行日记》《东归日记》及《北游日记》，这些日记文字简洁平淡，却记录下了叶圣陶在不同时代背景下的经历。

叶圣陶在17岁到21岁四年的日记里，每天都记下了他在甪直的生活，他曾说："我真正意义上的教师生活和创作生涯是从甪直开始的。"

约是1985年，原吴县政协主席张业生带着一个心愿来到北京，拜访了叶圣陶。他想把甪直五高建成叶圣陶的个人纪念馆，特意来征求本人的意见。

当时叶圣陶刚刚重病出院，张业生没有直接打扰他，而是找到了先生的儿子叶至善作了一番交谈。叶至善后来向他转述了父亲的意见，叶圣陶觉得把五高修建成纪念馆是一件非常有意义的事，但千万不能用他个人的名字来命名。叶圣陶更不希望五高成为他的个人纪念馆，他认为五高取得的教育成就，是沈柏寒、吴宾若、王伯祥等一批志同道合的同事们共同努力的成果，要修就修五高纪念馆。

叶圣陶去世的这一年，纪念馆修建完成，在当年开辟的生生农场的一块空地上，建起了叶圣陶的墓。

1988年12月8日，圣陶先生魂归故里。

"陶钧万物本无心"是宋代欧阳修的诗句,圣陶二字取意"圣人陶钧万物",意为贤德的人能陶冶造就世界上的一切事物。叶圣陶毕生致力于用教育造就无数合格的公民,圣陶这个名字成为叶圣陶教育人生的真实写照。

参考书目

- 叶圣陶:《叶圣陶教育文集》(第一卷、第二卷、第三卷、第四卷、第五卷),人民教育出版社,1994年。
- 叶圣陶:《叶圣陶语文教育论集》,教育科学出版社,2015年。
- 叶圣陶:《叶圣陶日记》(上、中、下),商务印书馆出版,2017年。
- 叶至善:《叶圣陶集》(1—26卷),江苏教育出版社,2004年。
- 商金林:《叶圣陶年谱长编》(第一卷、第二卷、第三卷、第四卷),人民教育出版社,2004年。
- 商金林:《叶圣陶全传》(第一卷、第二卷、第三卷),人民教育出版社,2014年。
- 叶至善:《父亲长长的一生》,四川文艺出版社,2015年。
- 刘未鸣:《先生归来兮·叶圣陶,教是为了不需要教》,中国文史出版社,2019年。
- 董菊初:《叶圣陶语文教育思想概论》,开明出版社,1998年。

编导手记

藏在课文中的记忆

本集编导　刘立钢

"弯弯的月儿，小小的船。小小的船儿两头尖……"在我的记忆中，这篇课文似乎没有特别去背诵过，可直到今天却依然能脱口而出。这便是在拍摄这部纪录片之前，叶圣陶留给我最深的印象。

接到拍摄任务后，很快便开始了前期的案头资料收集、学习。本片的学术指导商金林老师，特地寄来了厚厚的一大摞书籍。经过初步的阅读后，却感觉有点犯难了。叶圣陶一生似乎并没有经历太多的大起大落。尤其聚焦到和教育相关的部分后更是如此。他也不喜欢去提出那些宏大的教育理论。叶圣陶人生中的很多经历，给人的印象就是在平静中推敲着字字句句。但同时，他身上的闪光点又太多太多。究竟如何才能在有限的时长内，更好地体现出叶圣陶的教育人生呢？创作一度陷入了比较迷惘的阶段。

随着拍摄的深入，尤其是在和叶圣陶家人和人民教育出版社的专家们交流后，有一个词慢慢变得清晰起来，那就是教材。童年的叶圣陶因为那些刻板的旧课文，而反感旧教育和科举考试。等到他初上讲台时，又发现了旧教材对于学生学习兴趣的破坏。再到他经过了用直的一段成功教育实践后，正式开启了国文教材编辑的生涯。民国时期他编写了大家耳熟能详的《开明国语课本》等教材，中华人民共和国成立后，又主持了全国通用教材的编写审定。在叶圣陶的教育生涯中，对教材的关注是一条可以贯穿始终的线索。而且，他多年教学中实践的教育理念，以及对社会的责任感和对孩子们的爱也都融在了课本之中。

　　选择教材作为关键词后，叶圣陶教育思想的闪光点便如同一颗颗珍珠被顺理成章地穿成了珠链。在后来的采访拍摄中，每当说起叶圣陶先生和教材相关的故事，很多受访者都津津乐道。叶圣陶先生的孙媳妇蒋燕燕老师，谈起开明国语课本中的一篇课文《蜗牛看花》时，禁不住开怀而笑。人民教育出版社的资深编审刘立德，在介绍叶圣陶创立的"读校"制度时，也惟妙惟肖地模仿了叶圣陶在听读课文时专注的表情。这些片段，最后都被放在了片子里面。叶圣陶以"儿童为本位"、开创现代语文学科"听说读写"体系等教育理论，也从这些生动的细节中被表达出来。

　　教育是和每个人都切身相关的事情。而什么才是好的教育，也是一直争论不休的社会话题。在拍摄制作的过程中，我也希望跟随叶圣陶的成长故事，尝试去理解他深邃的教育思想。虽然短暂的学习时间难以深入了解全貌，但其中有一些点让我感触很深。叶圣陶中学毕业决定走上教育之路时，是片中一个关键的故事节点。有好几位采访者也都提到了当时的原因。但最终在片中，我选定了叶圣陶的孙子叶永和先生讲的一段。叶永和提到，当时叶圣陶的中学校长袁希洛对叶圣陶说了一番话："教育好了一个孩子，就能影响一个家庭。一个一个的家庭就能影响这个社会。"和其他的讲述段落比，这句话听起来似乎显得有点平凡无奇。但反复品味之下，却能从中感受到这种教育观对于每一个"人"的尊重。也让我理解了叶圣陶为什么毕生都对从事

编导手记

教育有着坚定的信念。后来叶圣陶还提出了教育的目的是"为社会培养合格的公民",这正是教育从业者推动社会发展的途径。

而所谓"合格的公民",一定是有着完善的人格,有着很强的自主能动性的人。所以对于教育的方向,叶圣陶又提出了"教是为了达到不需要教"。他认为教育不是要强制灌输,而是去引发出学生自主学习的能力。叶圣陶对待课本非常严谨,有时为了一个字都要反复推敲。但他只是希望学生把课本当一个示范,而不要被课本所约束。这些思想,放到今天依然值得我们去思考吸收,所以也尽可能地纳入片中进行了表述。

生活中的叶圣陶先生是一位性格细腻的人。所以对于全片的视觉呈现,也一直希望尽可能地去贴近他的内心世界。通过阅读叶圣陶的作品后,建立了一些初步设想,就是力求捕捉到充满生活趣味和自然气息的镜头。爬山虎、荷花、银杏树等在叶圣陶笔下出现过的景物,被有意识地拍摄使用到了片中。因为热爱生活和热爱自然,是叶圣陶先生性格中非常可爱的一面。而幸运的是,叶圣陶的第二故乡用直、苏州故居、上海故居、北京东四八条故居都保留得比较完好。那些极具地方特色的建筑和环境,为全片提供了层次丰富的视觉元素。也希望这些画面,能对叶圣陶的性格塑造起到作用。

对我而言,整个拍摄过程是一个重新学习认识叶圣陶先生的过程。从最初脑海中似有似无的记忆,到现在有了一个相对清晰的形象,是本次拍摄的一大收获。在全片结尾时,采用了画家素描绘制叶圣陶头像的场景,其实也正是想去体现这次创作带来的感受。同时也希望最终能通过片子把这些感受传递给观众,再现这些百年来影响了中国历史的巨匠们精彩的人生。

图书在版编目（CIP）数据

叶圣陶 / 陈宏，曾丹，刘立钢编著. -- 北京 : 外文出版社，2025. 4. -- （百年巨匠）. -- ISBN 978-7-119-14042-1

Ⅰ．K825.46

中国国家版本馆CIP数据核字第202465FH68号

总 策 划：胡开敏　杨京岛
责任编辑：蔡莉莉　马若涵
封面设计：北京夙焉图文设计工作室　子　㳺
正文制版：魏　丹
印刷监制：章云天

百年巨匠·叶圣陶

陈宏　曾丹　刘立钢　编著

©2025 外文出版社有限责任公司
出 版 人：胡开敏
出版发行：外文出版社有限责任公司

地　　址：北京市西城区百万庄大街24号	邮政编码：100037
网　　址：http://www.flp.com.cn	电子邮箱：flp@cipg.org.cn
电　　话：008610-68320579（总编室）	008610-68996167（编辑部）
008610-68995852（发行部）	008610-68996185（投稿电话）

印　　刷：鸿博昊天科技有限公司
经　　销：新华书店 / 外文书店
开　　本：710mm×1000mm　1/16
装　　别：平装
字　　数：200千
印　　张：16
版　　次：2025年4月第1版第1次印刷
书　　号：ISBN 978-7-119-14042-1
定　　价：58.00元

版权所有　侵权必究　如有印装问题本社负责调换（电话：68996172）